도스토옙스키,

촛불 집회에 가다

탐 철학 소설 38

도스토옙스키, 촛불 집회에 가다

초판 1쇄	2018년 11월 20일
초판 2쇄	2020년 10월 12일

지은이	박영은

책임 편집	김현경
마케팅	강백산, 강지연
디자인	이정화
표지 일러스트	박근용

펴낸이	이재일
펴낸곳	토토북

주소 04034 서울시 마포구 양화로11길 18 3층 (서교동, 원오빌딩)

전화 02-332-6255 | 팩스 02-332-6286

홈페이지 www.totobook.com | 전자우편 totobooks@hanmail.net

출판등록 2002년 5월 30일 제10-2394호

ISBN 978-89-6496-390-6 44100

ISBN 978-89-6496-136-0 44100 (세트)

● 이 책의 사용 연령은 14세 이상입니다.

● 탐은 토토북의 청소년 출판 전문 브랜드입니다.

도스토옙스키,
촛불 집회에 가다

박영은
지음

탐
철학
소설

탐

차례

2018 도스토옙스키의 환생

문학소녀 시절, 도스토옙스키 소설을 옆에 끼고 다니면서 조금은 우쭐했던 것 같다. 당시 그의 작품 세계를 잘 이해했는지, 그의 철학이 가슴에 와닿았는지는 기억에 없다. 그저 그의 책이 주는 두툼한 무게감과 그 이름이 발산하는 존재감이 좋았다. 도스토옙스키를 향한 내 첫사랑은 그렇게 시작되었다.

이후 20여 년이 지나 학위를 받고 연구자로 그의 작품을 현미경으로 분석하듯 들여다보며 대학 강단에서 강의를 하게 되었을 때, 난 입버릇처럼 말하곤 했다. 사람은 도스토옙스키 책을 읽은 사람, 도스토옙스키를 읽지 못한 사람, 도스토옙스키라는 존재 자체를 모르는 사람으로 구분된다고. 당시 난 실제로 그의 작가로서의 스케일에 놀라움을 금치 못했다. 20세기 이후 세계 문학에 가장 큰 영향을 주었다고 해도 과언이 아닌 그는, 프로이트가 정신 분석학에서 쌓은 업적에 필적하는 지적 유산을 문학에 남겼다. 천재 작가, 미래를 꿰뚫어 보는 예언자, 신비주의자, 뛰어난 직관의 소유자, 시대를 앞서간 선구자, 실존주의 철학자 등의 찬사가 괜히

나온 말이 아니었다. 하지만 당시 내가 그런 말을 아무렇지도 않게 하고 다닌 것은, 그에게 너무 빠져서 그의 작품을 읽어 보지 않은 사람과는 대화가 통하지 않을 거라는 다소 오만한 마음도 숨어 있을 터였다.

세월이 흘러 예전처럼 도스토옙스키에 대한 사랑이 뜨겁지는 않은 시점에서, 10여 년 전 입버릇처럼 되뇌던 말을 다시 자문해 보았다. 그 말은 여전히 유효한가? 사랑이 식은 듯했던 시간을 지나온 뒤에도 내 대답은 '그렇다'였다. 이것이 고전(古典)의 힘이리라.

요즘같이 바삐 지나가는 시대에 누가 도스토옙스키를 읽느냐고 말하는 사람도 있다. 하지만 그의 작품을 읽은 사람과 그렇지 않은 사람은 가슴에 간직하며 살아가는 가치에 분명한 차이가 있다고 믿는다. 인간이라는 존재가 언제 어디에 살든, 어떤 상황에 놓여 있든 어떻게도 벗어날 수 없는 문제, 즉 영혼의 구원, 선과 악, 고통과 열정, 은총과 사랑, 삶에 대한 성찰, 영혼을 담금질하기 위한 그 모든 것이 도스토옙스키 작품과 삶에 녹아 있다. 그렇게 그는 늘 우리 옆에 있다.

몇 년 전, 도스토옙스키에 대한 청소년 책을 쓰기로 했다. 아이들을 위한 의미 있는 작업이 될 것 같아 약속은 했지만, 다른 밀린 글들로 원고는 차일피일 미뤄지고 있었다. 글에 대한 부채의식이 있었지만 더 급한 다른 일들로 분주했다.

그러던 중 2017년 봄, 사랑하는 내 동생이 갑자기 세상을 떠났다. 한 번도 상상조차 못 해 본 일이기에 하늘이 무너지는 것 같았다. 동생이 혼수상태로 병원에 누워 있던 그 시간 동안, 사랑하는 사람과 제대로 작별 인사도 못 했는데 이렇게 갑자기 데려가면 어떡하느냐고 나의 신(神)에게 울부짖었다. 10살, 7살 두 아이의 엄마인 내 동생을 왜 갑자기 데려가야 하는지 도저히 받아들일 수 없었다. 나는 사랑하는 동생에게 삶의 시간을 더 달라고 간절히 기도했다. 내가 무엇이든 하겠으니 살려만 달라고 기도했지만, 나의 신은 내 기도를 들어 주지 않았다. 동생은 하늘나라로 떠났고, 망연자실한 나는 아무것도 할 수 없었다. 동생 이름을 부르다 잠에서 깨었고 제대로 숨도 쉴 수 없었다.

그렇게 의식 없이 지내던 중 문득 도스토옙스키가 나를 깨웠다. 그가 분신처럼 사랑하던 형을 잃었을 때, 그리고 어린 아들을 먼저 떠나보냈을 때 느꼈을 고통이 가슴을 파고들기 시작했다. 지지리도 십자가가 많던 작가 도스토옙스키. "다시 돌아와 거울 앞에 선 누이"처럼 그의 책을 펼쳐 보았다.

신은 인간이 감당할 만큼의 십자가를 주신다는데, 도스토옙스키의 십자가가 그렇게 무거웠던 건 그것을 감당할 만큼 영혼의 그릇이 컸기 때문일까? 청소년기에 그는 아버지가 농노들의 손에 살해당해 평생을 치욕과 트라우마 속에 숨죽여야 했다. 20대에는 급진적 혁명 운동에 연루돼 사형 선고를 받았고, 실제 사형대 밑에서 죽음의 얼굴을 정면에서 응시해야 했다. 직후 시베리아 유형소에서 5년을 강제 노역을 하며 보내기도 했다. 어디 그뿐인가. 평생을 간질 발작으로 고통받았고, 아무리 애를 써도 끊지 못한 도박벽으로 번번이 가산을 탕진했다. 빚쟁이에 쫓겨 끝없이 이리저리 도망 다녀야 했고, 빚을 갚기 위해 억지로라도 끊임없이 창작열을 가동시켜야 했다. 냉정한 잣대로 들여다보아도, 한 인간으로서 도스토옙스키만큼 어둡고 가혹한 삶을 산 작가도 많지 않을 것이다.

하지만 그는 이 고통에 자신의 영혼을 팔지 않았다. 그는 자신의 십자가를 받아들였고, 타인을 위해 희생하며 온전히 죽었다. 그리고 그 썩은 밀알에서 찬란한 생명을 만들어 냈다. 아마도 그가 품어 안았던 슬픔과 고통의 무게가 문화사에 큰 발자국을 남긴 작가, 인류 정신사에 새 지평을 연 큰 어른 같은 작가로 자리매김하게 하는 버팀목이 되었으리라.

이런 생각을 하다 보면, 도스토옙스키는 하늘이 우리 인류에게 내려준 선물이 아닌가 싶다. 나 역시 실존적인 경계에 직면한 순간, 도스토옙스키의 삶을 찬찬히 들여다보면 조금씩 위안이 되었다. 이는 결코 그가 도덕적으로 완벽해서도, 유려한 문체로 글을 멋지게 써서도 아니다. 만일 그가 훈계하듯이 "인간은 이렇게 저렇게 살아야 한다"고 결론 지어 놓고 말했다면, 그 책은 한 번 읽고 덮었을 것이다. 만일 그가 그저 멋진 사람이기만 했다면 그렇게 깊이 그를 사랑하지도, 그의 삶이 위로가 되지도 않았을 것이다.

그럼에도 불구하고 도스토옙스키는 누구나 선뜻 다가가기 쉬운 작가는 아니다. 아마 여기에는 그가 쓴 책의 '묵직한 두께'가 한몫할 것이다. 얼마 전 작고한 과학자 스티븐 호킹의 이름을 따서 만든 '호킹 지수' (책을 구매하고 끝까지 읽었는가를 나타내는 지수. 수치가 낮을수록 끝까지 읽지 않았음을 뜻한다)라는 용어처럼, 도스토옙스키 작품도 몇 장 넘기지 못하고 그냥 책꽂이에 꽂아 두는, 다시 말해 호킹 지수가 낮은 책이라 해도 과언은 아니다.

아무리 근사한 사상을 담고 있는 책도 먼지가 쌓인 채 책꽂이에 꽂혀 있다면 무슨 의미가 있을까? 문학의 가치가 현실과는 동떨어진 하나의 이상처럼 되어 버릴 때, 고전은 그냥 보존해야 할 케케묵은 유산으로만 남겨지는 법이니까. 난 그걸 넘어서고 싶었다. 그래서 도스토옙스키를 가까이하기엔 너무 먼 당신이 아니라, 내 옆의 동반자이자 친구로 만들고 싶었다. 무엇보다 그를 우리 사회에 더 많이 '소비'시키고 싶었다.

내 안의 도스토옙스키가 조금씩 다시 살아나기 시작할 무렵, 우연히 TV에서 〈2016 김광석의 환생-시대의 눈물을 노래하다〉라는 프로그램을 보았다. 노래의 참된 의미는 상처받은 사람을 부드럽게 감싸는 것이라던 가수 김광석. 이 프로그램을 통해 환생한 그는 어렸을 때 살던 고향 집, 노래하던 공연장, 그리고 세월호의 상처를 안고 있는 팽목항 곳곳을 찾아다니며 자기 이야기를 해 나갔다. 사랑하는 사람들을 먼발치에서 바라보기도 하면서.

마음에 들었다. 다시 살아 돌아온 그를 볼 수 있고 그의 노래를 다시 듣는 것만으로도 참으로 행복했다. TV에 등장한 김광석 지인의 말처럼, 민중가요 운동을 했던 그가 살아 있었으면 2017년 우리 사회의 격변기에 그는 광화문 광장에서 조용히, 구슬프게, 그리고 흥겹게 노래했을 것이다. 난 도스토옙스키에게도 김광석처럼 생명을 돌려주고 싶었다. 그래서 광화문 광장으로 그를 소환했다. 그리고 생각했다. 도스토옙스키가 한국 사회에 온다면, 이 시대를 함께 살고 있다면 무슨 말을 하고 싶을까? 청소년들에게 어떤 이야기를 들려줄까? 그 이야기를 써 내려갔다. 그렇게 내 안의 도스토옙스키를 다시 만났다.

　내가 사랑하는 도스토옙스키, 김광석, 그리고 내 동생. 그들에게 숨을 불어 넣고 싶었다. 내가 할 수만 있다면…….

　꼭 한 번만 더 안아 보고 싶은, 너무 예쁜 내 동생 고(故) 박민영에게 이 책을 바친다.

2018년 눈부신 가을날

박영은

찬열이는 아침부터 설레었다. 아빠와 광화문 광장에 나가기로 한 날이기 때문이다. 2016년 12월 31일, 10차 촛불 집회가 있는 오늘은 2016년의 마지막 날이기도 하다. 2016년 11월 말부터 시작된 촛불 집회는 점점 더 열기가 뜨거워지고 있었다. 많은 시민들이 촛불을 들고 광화문 광장에 모여 대통령은 물러나라고 소리 높여 외쳤다. 대통령의 측근이 국정을 제멋대로 주물러 댄 사실이 밝혀졌기 때문이다.

몇몇 반 친구들은 벌써 촛불 집회에 갔다 왔다고 무용담을 늘어놓듯 이야기했다. 내년이면 중학교 3학년이 되는 찬열이는 집회가 시작되던 때에는 기말고사도 앞두고 있고, 나름 범생이라 집회 현장에 간다는 게 어쩐지 머쓱했다.

비록 집회에 나갈 용기는 없었지만, 찬열이도 도무지 이해가 안 되는 일이 있었다. 몇 년 전 배를 타고 수학여행을 떠난 형과 누나들이 돌아오지 못한 큰 사고. 제주도로 향하던 세월호는 바다 한가운데서 뒤집힌 채 바닷속으로 가라앉았다. 304명이 사망했다. 배가 가라

앉기 전까지 사람들을 구조할 시간이 있었는데도 어찌 된 일인지 구하지 못했다. 일부러 구하지 않은 것 아니냐는 말까지 나올 정도였다. 세월호 유가족의 눈물이 온 나라를 뒤덮었다. 국민들도 함께 눈물을 흘렸다.

TV에서는 연일 세월호 참사가 논쟁거리가 되었다. 왜 사고가 났는지, 왜 아이들을 구하지 못했는지 진실을 밝혀 달라고 유가족 중 한 아빠가 단식 투쟁에 들어갔다. 정치인들은 세월호법을 만들어야 하네 말아야 하네 하면서 싸웠다. 유가족들을 곱지 않은 시선으로 바라보는 상황도 벌어졌다. 찬열이는 이게 뭔가 싶었다. 어른들이 얘기하는 "나라 꼴이 엉망이다"라는 게 이런 건가 싶었다.

TV로 중계되는 세월호 청문회에서도 대참사에 대해 아무도 책임지려 하지 않았다. 정의는 어디에 엿 바꿔 먹은 것 같았다. 교과서에서 배운 민주주의라는 게 하나도 지켜지지 않는다는 사실에 화가 치밀어 올랐다.

"구할 수 있는데 못 구해서 300명이 넘게 죽었잖아. 근데 왜 아무도 벌을 안 받는 거야?"

어느 날 친구 지민이가 열을 내며 말했다. 찬열이만 그런 것은 아니었다.

"내 말이. 미친 것 같아."

그래서 찬열이는 촛불 집회에 꼭 한번 가 보고 싶었다. 혼자 나갈 자신은 없어서 아빠를 졸랐다. 매일 바쁘게 직장에 다니는 아빠지만 주말에는 광화문 광장에 갈 수 있을 테니 말이다. 오늘이 바로 아빠와 약속한 그날이다.

김밥을 몇 줄 사고 보온병에 따뜻한 물을 담아, 찬열이는 아빠와 함께 광화문 광장에 도착했다. 지하도에서 광장으로 올라가는 계단부터 여기저기서 모여든 사람들로 가득했다. 사람이 너무 많아 종종걸음으로 조금씩 발을 내디딜 수밖에 없었다. 한참 걸려 광장에 들어서자 '블랙 텐트'가 눈에 들어왔다. 정부에서 만든 블랙리스트에 오른 연극인들이 저항의 의미로 세웠다고 했다. 찬열이는 궁금했다.

"아빠, 근데 블랙리스트가 뭐야?"

"정부를 비판하는 단체나 예술인, 학자들의 목록을 정부에서 몰래 만들어 놓은 거야. 그리고 그 리스트에 오르면 지원을 아예 안 해 주거나 불이익을 주고 꼬투리 잡아서 괴롭혔대."

"정부를 비판하면 안 돼?"

"안 되긴. 우리나라는 민주주의 사회잖아. 누구나 자기 의견을 낼 수 있어."

아빠는 블랙 텐트가 광화문 광장을 지키며 촛불 집회의 베이스캠프가 되어 주었다고 알려 주었다.

"사실 아빠도 뉴스에서 본 거야."

아빠가 멋쩍게 웃었다. 그러고 보니 텐트 안에서 예술인들이 시민들과 함께 사진도 찍고, 시를 쓰거나 그림을 그리고 춤도 추며 문화예술 탄압을 규탄하는 나름의 퍼포먼스를 펼치고 있었다. 그 옆으로는 유모차를 끌고 나온 사람들, 어린아이들과 손을 잡고 행진에 참가한 가족들의 모습이 보였다.

무엇보다 찬열이 눈에는 중고등학생 수십 명이 무리 지어 플래카드를 들고 구호를 외치는 모습이 들어왔다. 교복을 입은 학생들도 있었다. 광장 한쪽에서는 토론 형식으로 진행하는 청소년들만의 집회가 열렸다. 자기 생각을 이야기하고, 다양한 주제로 조별 토론회도 진행했다. 한 학생이 발언대 앞으로 나왔다.

"대한민국의 위대한 역사를 새로 쓰는 지금, 우리 학생들에게 국정 역사 교과서를 가르친다는 게 말이 되나요!"

아이들의 함성이 쏟아졌다. 지켜보던 어른들도 힘내라고 소리치며 응원해 주었다.

광화문 광장은 직접 민주주의의 아고라[1]가 되어 가고 있었다. 광장은 정권 퇴진에 대한 요청과 함께 서로 다른 목소리를 한곳으로 모으고 있었다. 청소년, 여성, 노동자, 세월호 유가족, 예술가, 시민단체를 비롯해 '혼자 온 사람들', '전국고양이노동조합', '그냥 일반시민'이라는 재미있는 깃발을 든 사람들도 함께하며 집회를 신명 나게 했다.

대통령이 제대로 국정을 수행하지 못해 화가 난 시민들은 노래, 퍼포먼스, 풍자 시, 춤으로 울분을 삭였다. 예술가들은 시민들을 달래 주며 자기 역할을 묵묵히 해 나갔다. 예술인들이 패러디한 작품에 '탄핵', '하야'라는 단어가 등장했고 국정 농단의 문제를 짚어 주었다. 풍자를 통해 정권을 향한 분노의 공감대가 확산되었고, 그것은 또 다른 카타르시스를 주었다. 시민들은 광장에서 펼쳐진 문화 활동에 공감하면서 서로를 치유해 갔다. 광장은 이 모두를 품어 주고 있었다.

공연이 끝난 후, 각계계층 사람들이 단상으로 올라가 발언을 이어 나갔다. 고작 15살이었던 자신이 일본 군인에게 끌려가 온갖 폭행과 고문을 당했다며 자신들이 원하는 건 돈이 아니라 진심 어린 사과를 받는 것이고, 이로써 후손들에게 올바른 역사를 남겨 줘야 한다고 위안부 할머니가 목청껏 외치며 호소했다. 세월호 아이들의 절규를 가슴에 안고 광장으로 온 유가족의 피 맺힌 발언도 이어졌다. 광화문 광장은 명목상 대통령 퇴진을 요구하고 있었지만, 그 속에는 한국의 슬픈 근현대사가 응축되어 있었다.

서울 한중심의 광장에서 벌어진 촛불 집회는 모두가 함께하는 축제의 자리였다. 함께 목청껏 노래 부르고 신나게 박수 치며 뜨거운 열정을 즐겼다. 질곡의 역사 속에 켜켜이 쌓여 가던 민초들의 고통, 시민들의 슬픔 가운데 희망이 강하게 솟구치고 있었다.

찬열이는 그 울림과 생명의 힘에 젖어 들어갔다. 찬열이 아빠도 다시 젊은 시절로 돌아간 것처럼 희망이 꿈틀거림을 느꼈다. 이윽고 땅거미가 내리고 하나둘 촛불이 켜지더니 광장이 빛으로 타올랐다. 수많은 사람들이 촛불을 들고 거리를 행진했다. 멋진 광경이었다. 그때였다. 찬열이 아빠는 주위를 둘러보다 소스라치게 놀랐다. 군중 속에서 코트 깃을 세운 한 남자를 발견했기 때문이다.

[1] 아고라(Agora) : 고대 그리스의 도시 국가에서 시민들의 일상생활이 이루어지던 공공의 광장.

1

광장에 온 한 남자

'내가 괜히 겁을 먹었나 봐.'

찬열이는 어안이 벙벙했다. 촛불 집회는 생각보다 낯설거나 무섭지 않았다. 사람들이 무대에 나와 하는 이야기를 듣고, 다 같이 노래 부르고, 촛불 들고 구호를 외치며 행진하는 것이 재미있기만 했다.

"아빠는 언제 이런 집회에 와 봤어?"

찬열이는 아빠에게로 고개를 돌렸다. 그런데 아빠 표정이 이상했다. 놀란 것 같기도 하고 멍한 것 같기도 했다.

"아빠 왜 그래?"

"아니야. 아빠가 누굴 봤는데 긴가민가해서."

"누구? 아빠 회사 사람?"

"그게, 러시아 작가 도스토옙스키라고……."

"뭔 스키?"

찬열이 아빠는 분명히 두 눈으로 똑똑히 보았다. 문학청년 시절 옆에 끼고 다니던 책 표지의 작가 도스토옙스키를. 소설 《죄와 벌》,

《카라마조프가의 형제들》을 쓴 바로 그 작가 말이다.

"그 사람이 누군데? 러시아 사람이 여기 왜 와? 한국에 살아?"

"아니, 네가 믿을지 모르겠는데 그는 1881년에 죽었어."

"뭐야. 촛불이 너무 많이 켜져 있어서 이제 막 귀신이 보여?"

"하하. 그래, 아빠가 잘못 본 걸 거야."

찬열이 아빠도 도스토옙스키를 여기서 만난다는 건 말도 안 된다고 생각했다. 찬열이와 아빠는 촛불 행렬을 따라 계속 걸었다. 어느덧 집회도 막바지에 이르고 있었다. 이제 집으로 돌아갈 시간이었다.

"찬열아, 이제 가자."

"근데 아빠, 우리 다음 주에 또 오면 안 돼?"

"그래, 내년에 또 오자꾸나."

"맞다! 내년이구나. 헤헤."

촛불 행렬이 조금씩 흩어지고 있었다. 새해를 맞이하는 보신각 타종 행사에 가려는 사람들과 집으로 돌아가는 사람들로 갈라지는 듯했다. 찬열이와 아빠는 지하철을 타기 위해 발걸음을 돌렸다. 그런데 지하철역에 다다르자 아빠는 또다시 놀라지 않을 수 없었다. 아까 본 코트 깃을 세운 남자가 근처 벤치에 앉아 있었다. 아빠는 믿을 수 없다는 듯이 그를 뚫어지게 쳐다보았다.

"아빠 아는 사람이야?"

찬열이가 의아한 듯 물었다.

"찬열아, 아빠가 잘못 본 게 아니었어. 저 남자가 도스토옙스키야!"

"아까부터 무슨 스키가 어쨌다는 거야. 아빠, 이거 몇 개?"

찬열이는 손가락 세 개를 아빠에게 펴 보였다.

"세 개."

아빠는 그 와중에도 정확하게 대답했다.

"근데 이상하잖아. 왜 아빠만 저 사람을 알아봐? 작가면 유명할 텐데."

"유명하지. 러시아의 대문호거든. 왜 아무도 못 알아보는지는 아빠도 몰라. 일단 가서 말을 걸어 볼까?"

"왜? 왜 그래야 하는데?"

"왜냐하면 아빠가 젊었을 때 엄청 좋아하던 작가야. 생각해 봐. 저 벤치에 트와이스가 앉아 있다고. 지금 기분이 어떨 거 같아?"

"아빠, 가자."

찬열이는 아빠 말이 끝나자마자 먼저 성큼성큼 남자가 앉아 있는 벤치로 다가갔다. 마치 트와이스가 앉아 있기라도 한 듯이. 아빠도 냉큼 찬열이의 뒤를 따랐다. 아빠는 호흡을 가다듬고 조심스럽게 남자에게 말을 건넸다. 남자는 모자를 쓰고 깃을 세운 코트로 몸을 감싸고 있었다.

"혹시…… 도스토옙스키 선생님 아니신가요?"

"어떻게 절 알아보시는지요?"

남자가 흠칫 놀라며 되물었다.

"세상에, 맞았군요! 어떻게 여기까지 오셨어요? 한때 문학청년이었던 제가 작가님을 이렇게 뵙다니…… 정말 영광입니다!"

"허허, 알아봐 주시니 제가 영광이지요."

도스토옙스키는 만면에 웃음을 지었다.

"한국의 뜨거운 열기, 광장의 열기가 나를 불렀지요. 직접 와서 보니 정말 대단하군요."

그는 광장을 죽 둘러보더니 말했다.

"혁명의 기운이 작가님을 불러낸 거군요. 이해가 되려 합니다."

찬열이는 두 사람이 무슨 말을 하는지 하나도 알아들을 수가 없었다. 그래서 옆에서 잠자코 듣고만 있었다.

"하지만 작가님, 한편으로는 씁쓸하기도 합니다."

아빠가 희미하게 웃으며 조용히 말했다.

"왜요?"

도스토옙스키는 눈을 휘둥그레 하며 물었다.

"이게 하루 이틀이 아니니까요. 시민들이 무슨 죄를 지었기에, 주말마다 날씨도 추운데 뻔질나게 나와 촛불을 들고 있을까요? 물론 이 광장에서 얻어 가는 것도 많지요. 동질감, 연대의식, 오랫동안 잊고 살았던 삶에 대한 열정, 뭐 이런 거요."

"그런데 이렇게 변화를 갈구하는 힘은 어디서부터 온 건가요?"

흐뭇한 미소로 찬열이 아빠를 바라보던 도스토옙스키가 물었다.

"글쎄요. 그 힘은 우리 사회 가장 밑바닥에서부터 나온 거겠죠. 최근 몇 년 사이에 우리나라에서 '헬조선'이니 '흙수저'니 하는 얘기를 많이 했거든요. 우리 사회가 헬조선이고, 그곳에 사는 자신이 흙수저라고 자조하던 사람들이 사실 이 변화의 주역들입니다."

"헬조선이 뭔가요? 지금은 조선 시대가 아닌데, 왜 헬한국이 아니라 하필이면 헬조선이라고 하나요?"

도스토옙스키는 고개를 갸우뚱했다.

"그건 우리 대한민국의 민주화, 근대화의 성과가 모두 날아가고 18~19세기 봉건 사회처럼 부모의 사회적 지위와 경제적 능력이 답습되는 사회로 돌아갔다는 의미입니다. 청년 세대에게는 대한민국이 막장이 되었다는 뜻이지요. 헬조선은 흙수저들의 분노가 담긴 표현이에요."

"아, 그런 자조적인 의미가 담겨 있었군요."

찬열이 아빠는 대작가를 만났다는 놀라움도 잠시, 마치 이웃집 아저씨에게 하듯 자연스럽게 대화를 이어 나갔다.

"혹시 세월호 참사에 대해 들어 보셨나요?"

"알고 있어요. 여기 와서 알게 되었습니다. 너무 가슴이 아팠습니다."

"2014년 4월 16일, 많은 국민들이 300명이 넘는 아이들을 실은 배가 점점 바다 속으로 가라앉는 것을 생중계로 지켜봐야 했어요. 저는 그날 회사에 출근해서 일을 하고 있었어요. 사고 소식을 들은 후 자식 가진 부모로 당연히 걱정은 됐지만, '전원 구조'라는 뉴스 자막을 보고는 다행이다 가슴을 쓸어내리며 계속 일을 했죠. 그런데 골든타임이 지나고도 아이들은 구조되지 못했어요. 단 한 명의 아이도 구해내지 못하는 나라, 구하려는 적극적인 노력도 하지 않는 나라를 보면서 사람들은 국가에 대해 의문을 품기 시작했어요. '이게 나라냐'라며 한탄하고, '국가란 무엇인가' 하는 질문을 던지게 된 거죠. 우리는 이 질문에 대한 답을 2년 반 동안이나 찾을 수 없었습니다. 그런데 얼마 전, 그 답을 알게 한 사건이 터졌어요. 국정 농단 사태가 드러나면서 세월호가 침몰할 때 국가가 왜 그렇게 무책임하고 무능했는지 알게 된 겁니다. 1,500만 명이 넘는 시민이 여기 그냥 나온 게 아닙니다. 2년 반 동안 세월호 참사를 통해 품고 있었던 분노, 절망감이 터져 나온 거죠."

"유가족을 비롯해 많은 한국인들이 깊은 상처를 받았겠습니다."

도스토옙스키는 안타까운 시선으로 찬열이 아빠를 바라보았다.

"국민이 아프고 힘들 때, 위기에 처했을 때 우리 편이 되어 주는 나라가, 그런 대통령이 필요했어요. 우리를 지켜보고 보듬어 줄 수 있는. 그래서 우리는 11월부터 대통령 하야를 요구하는 집회를 했습니다. 정치권에서 해결할 수 없는 상황에서 국민들이 광장에 모여 직접 해결하고자 했어요. 광장 정치가 이루어진 겁니다."

아빠는 깊은 한숨을 내쉬며 착잡한 심정을 드러냈다.

"대단합니다. 물론 많이 힘드셨겠지만요. 저는 정말로 한국 국민들이 보여 준 응집력에 경의를 표하고 싶습니다. 시민의 분노와 저항이 촛불에 담겨 광장에서 시작된 것이라고는 해도, 한국의 촛불 집회는 정말 놀랍습니다. 세계 어디나 정부에 반대하는 시위가 있습니다. 하지만 이곳 광장에서는 그 어떤 나라에서도 볼 수 없는 강력하고 아름다운 힘이 느껴집니다."

아빠와 도스토옙스키가 이야기를 나누는 동안 찬열이는 후다닥 핸드폰으로 검색을 하기 시작했다.

'이 아저씨 이름이 도스토옙스키랬지? 이름 참 길다.'

찬열이는 검색 결과를 슬쩍슬쩍 곁눈질하면서 보았다. "러시아 문학의 최고 거장 중 한 명"이라는 설명이 눈에 들어왔다.

'헐, 이 아저씨가 그렇게 훌륭한 사람이야?'

아빠와 도스토옙스키의 대화를 계속 듣고 있던 찬열이는 인사할 타이밍을 찾았다. 그때 도스토옙스키가 먼저 눈길을 돌리며 물었다.

"그런데 이 아이는 누군가요?"

"아, 우리 아들이에요."

"안녕하세요, 저는 찬열이라고 합니다."

찬열이는 도스토옙스키 아저씨에게 허리를 굽혀 공손히 인사했다.

"아주 똘똘하게 생겼구나. 그런데 춥지 않니? 어떻게 여기까지 나왔니?"

그는 사랑스러운 눈빛으로 찬열이를 바라보았다.

"그게…… 미안했어요. 저만 따뜻한 방에 있다는 게요. 차디찬 곳에서 무서움에 떨던 형과 누나들이 돌아오지 못한 건 뭔가 단단히 잘못되었단 생각이 들었어요. 이런 세상에서 나 하나 공부 잘하면 된다는 생각도 우스웠고요. 무엇보다 광장에 나오면 그렇게 고통 속에 하늘나라로 간 형과 누나들에게 조금이라도 덜 미안할 것 같았어요. 제가 정말 화가 났던 건, 정확한 사고 원인을 알려 달라는 부모님들을 집단 이기주의로 몰아붙이는 사람들과 공감 능력이라곤 1도 없는 정치인들이었어요. 제가 만일 그런 상황에 처했는데 우리 부모님이 정부나 언론으로부터 그런 말을 듣는다면, 그거야말로 자식 잃은 부모 가슴에 또다시 대못을 박는 게 아닐까요?"

"그랬구나. 찬열이는 정말 생각이 깊은 아이구나."

도스토옙스키는 찬열이의 머리를 쓰다듬었다. 그의 눈시울이 붉어져 있었다. 옆에 서 있던 아빠도 뜨거운 감정을 느끼며 입을 열었다.

"우리는 그 사건 이후로 교육에 대해서도 다시 한번 생각하게 되었습니다. 우리가 정말 제대로 교육하고 있는 걸까 하는 근본적인 문제를요. 이 참사의 희생자는 어른의 명령에 따라야 했던 아이들이었어요. 세월호를 통해 우리는 오래도록 익숙해져 온 한국의 교육 현실에 의문을 갖게 되었습니다.”

“세월호 참사가 교육 현실 때문이라는 건 무슨 의미인가요?”

도스토옙스키는 다시 한번 고개를 갸우뚱하며 찬열이 아빠를 바라보았다.

“사실 우리 교육은 오래전부터 학생들에게 자신만의 질문을 하기보다 하나의 정답을 맞추는 교육을 강요해 왔거든요. ‘가만히 있으라’, 이게 과연 옳은 것이었을까요? 이렇게 자기 삶에 닥친 문제를 스스로 판단하고 앞가림해 나갈 능력을 하나씩 박탈했는지도 모릅니다. 그래서 교실에 갇혀 있던 아이들은 모처럼의 여행길에서도 선실에 갇혀 죽어 갔다는 자괴감이 부모들의 가슴을 더 짓누르는 것이고요. 차라리 맘껏 뛰놀고 꿈꾸게 할 걸, 이토록 무능하고 무책임한 자들에게 삶을 내맡기지 말라고 할 걸 하는 생각을 하게 된 겁니다.”

아빠의 목소리에는 애달픈 비장함이 묻어났다.

“그렇군요. 세월호 선실을 거대한 수용소에서 길러지고 관리되는 한국의 교육에 대한 극적인 은유라고 보시는군요.”

찬열이 아빠의 말에 귀 기울이던 도스토옙스키가 나지막하게 말했다.

“더구나 참사 당시 ‘가만히 있으라’는 방송으로 희생을 키운 선장과 선원들은 가장 먼저 탈출했어요. 통탄할 노릇입니다. 모두의 눈앞에서 충격적으로 벌어진 세월호 참사는 한 정권의 문제를 넘어 우리가 살아온 세월의 맨얼굴이었습니다. 화려하게 화장하지 않은 맨얼굴, 그야말로 추악한 쌩얼을 보게 된 거죠. 사실 한국은 식민 지배와 전쟁, 가난, 독재를 뚫고 세계 10위권의 부자 나라로 올라섰지만, 잘 포장되어 있던 삶의 실상이 무엇인지 세월호를 통해 아프게 직시해야 했습니다. 저 자신에게도 다시 묻게 되었어요. '내 아들 찬열이는 어떤 아이로 키울 건가?' 등등의 문제를요."

충혈된 눈으로 허공을 응시하는 찬열이 아빠의 목소리는 갈라져 있었다.

"충분히 공감합니다. 이렇게 의식이 살아 있는 사람들이 많은 한국은 분명히 새로 태어날 겁니다."

도스토옙스키도 힘주어 공감을 표했다.

"네, 그렇게 되어야죠. 이후 우리는 가만히 있지 않겠다고, 또 다른 세월호를 만들지 않겠다고 촛불을 들고 믿음의 손을 맞잡은 채 추운 겨울 광장에 나왔습니다."

찬열이 아빠도 애틋한 눈빛으로 그를 바라보았다.

"다음 주, 아니 내년 첫 촛불 집회는 세월호 참사 1000일을 기린다고 하네요. 찬열이와 저는 다음 주에도 나오기로 약속했어요."

"그렇군요. 다음 주에 참사 1000일이 되는지 몰랐습니다."

"선생님도 다음 주에 오시나요?"

"이야기를 듣고 보니 꼭 와야겠군요."

"그럼 다음 주에도 뵐 수 있을까요? 이렇게 헤어지기가 무척 아쉽습니다."

"그럼요. 다음 주에도 여기에서 기다리겠습니다. 두 분과 이야기를 나누는 것이 참 즐겁네요."

"다행입니다. 그런데 오늘 주무실 데는 있나요?"

"하하, 제 걱정은 하지 마세요. 저는 광장의 열기를 더 느끼다 가야겠습니다."

"하하, 알겠습니다."

"아저씨, 새해 복 많이 받으세요!"

아빠의 말이 끝나기가 무섭게 찬열이가 끼어들며 말했다.

"……?"

"아, 한국에서 새해에 건네는 인사예요."

아빠가 설명했다.

"아, 그렇군요. 새해 복 많이 받으세요."

세 사람은 손을 흔들며 헤어졌다. 잊지 못할 2016년의 마지막 밤이었다.

2

뭐가
그렇게
심각하니?

2017년 새해가 밝았다. 찬열이는 어젯밤 일이 꿈만 같았다. 촛불로 가득한 광화문 광장이 아직도 눈앞에 어른거렸다. 게다가 거기서 러시아 대문호를 만났다는 걸 믿어 줄 사람이 과연 있을까? 찬열이는 꿈에서 깨기 싫은 듯 한참을 침대에서 뒹굴뒹굴하다가 핸드폰을 확인했다. 지민이에게 문자가 와 있었다.

'뭐 하냐. 이제 중3. 헐.'

찬열이는 답문을 보냈다.

'나 어제 촛불 집회 갔다 옴.'

바로 지민이한테 답이 왔다.

'누구랑?'

'아빠랑.'

'대박.'

지민이는 집에 아무도 없다며 자기 집으로 오라고 했다. 찬열이는 옷을 챙겨 입고 지민이네 집으로 향했다. 멀지 않은 거리여서 금

방 도착했다.

"들어와."

지민이가 문을 열어 주었다.

"새해 첫날인데 엄마 아빠는 어디 가셨어?"

"먼 친척분 병문안 갔어."

"너는 왜 안 가고?"

"몰라. 설명하기도 귀찮아. 촛불 집회는 어땠어?"

"짱이었지. 사람들 열기 때문에 하나도 안 춥더라."

"뻥치시네."

"진짜야. 촛불로 파도타기 하는데 완전 환상적이야."

"그건 나도 SNS에서 봤어."

지민이는 알만 하다는 듯 말했다.

"근데 안 무서웠어?"

"전혀."

"그래?"

"응. 축제 분위기야. 막 신날 일은 아닌데 사람들이 서로 챙겨 주고 인사하고 그래. 같이 구호 외치면 속이 다 시원해."

"신기하다."

"그치? 나도 가기 전엔 몰랐어."

"아빠랑 그런 델 같이 가다니……."

뭐가 그렇게 심각하니?

2

"아, 아빠랑 간 게 신기하다고? 너도 한번 가자고 해 봐."

"우리 아빠는 항상 바빠. 너도 알잖아. 시간 나도 술이나 마실걸."

찬열이는 뭐라고 대꾸해야 할지 몰랐다. 지민이가 아빠를 좋아하지 않는다는 걸 너무 잘 알고 있었기 때문이다.

"아빠랑 무슨 일 있었냐?"

"뭔 일은. 맨날 똑같지 뭐. 지난주에는 또 어휴……."

분명 무슨 일이 있는 것 같았다. 찬열이는 어쩌면 지민이네 엄마 아빠가 병문안을 간 게 아닐지도 모른다고 생각했다. 하지만 더 물어볼 수 없었다.

"아빠가 요새 연말이라고 술을 자주 마시더라고. 그러더니 지난주에는 아파트에 경찰까지 오고 장난 아니었어. 아빠가 집에 오다가 근처에서 동네 아저씨랑 시비가 붙었나 봐. 아휴 쪽팔려."

지민이는 아빠가 부끄럽다고 했다. 그래서 어딜 같이 가고 싶지 않다고 했다.

"그랬구나. 음…… 근데 있잖아."

찬열이는 순간 촛불 집회에서 도스토옙스키를 만난 일을 꺼낼까 말까 망설였다. 빨리 다른 이야기를 해야 할 것 같아서였다. 혁명의 기운이 자기를 불렀다나 뭐라나 하는 작가를, 그것도 러시아 작가를 만났다고 하면 지민이는 뭐라고 할까? 그렇다. 분명히 자기를 미친놈 취급할 것이 뻔했다. 그때 지민이가 말했다.

"뭐가 그렇게 심각해? 하루 이틀 일이냐. 게임이나 한 판 하자."

"좋아. 무슨 내기할까?"

찬열이는 지민이를 바라보며 싱긋 웃었다.

3

—

살아남은
자의
슬픔

일주일이 흘렀다. 찬열이는 지난 일주일 동안 오늘이 오기만을 손꼽아 기다렸다. 2017년 1월 7일, 11차 촛불 집회가 있는 오늘은 세월호 참사 1000일을 기리는 날이고, 도스토옙스키 아저씨와 다시 만나기로 한 날이다. 찬열이는 가슴이 두근두근 뛰었다.

찬열이와 아빠는 광화문으로 가기 위해 일찌감치 집을 나섰다. 오늘도 지난주처럼 사람이 많을 것 같아서 미리 광장에 가 있기로 했다.

"아빠, 오늘도 도스토옙스키 아저씨를 만날 수 있을까?"

"그럼. 약속했으니 꼭 오실 거야."

찬열이는 한껏 기대에 부풀었다. 지민이를 비롯해 누구에게도 도스토옙스키를 만난 사실을 말하지 못했지만, 아저씨의 깊은 눈동자가 자꾸만 떠올랐다.

광화문에 도착하자 지난주와는 다른 풍경이 펼쳐졌다. 슬픔이 배어 있는 광화문 광장에는 304명의 세월호 참사 희생자를 상징하는 구명조끼 304개와 흰 국화가 놓여 있었다. 광장 안에 울려 퍼지는 뱃

고동 소리에는 9명의 미수습자가 이제라도 가족의 품으로 돌아오길 기원하는 마음이 담겨 있었다.

슬픔과 아련함 속에서 이제는 스무 살이 된 9명의 세월호 생존 학생들이 촛불 집회 단상에 올랐다. 뜨거운 박수를 받으며 단상에 올라온 한 학생은, 사람들을 향해 인사하고 말을 이어 나갔다.

"저희는 세월호 생존 학생들입니다. 그간 용기를 주신 많은 분들께 감사드리고 싶습니다. 아시는지 모르겠지만, 저희는 구조된 것이 아닙니다. 스스로 탈출했다고 생각합니다. 배가 기울고 한순간에 머리 끝까지 물에 잠겨 공포에 떨었습니다. 많은 친구들이 배 안에 있다고, 구조해 달라고 말했지만 어른들은 무시하고 지나쳤습니다. 우리는 사랑하는 친구들을 보고 싶어도 볼 수 없게 되었습니다. 살아나온 것이 유가족들에게 죄를 지은 것만 같습니다. 그런데 오히려 저희를 걱정하고 챙겨 주시는 모습을 보면서 더 죄송했습니다. 그동안 비난받을 것이 두려워 숨어 있기만 했지만, 이제는 저희도 당당하게 현실을 알리고자 합니다."

울먹이며 제대로 말을 잇지 못하는 학생을 향해 사람들이 박수로 격려해 주었다. 찬열이도 사고 현장에서 살아남았다는 사실만으로도 많이 힘들었다며 흐느끼는 형의 이야기에 울컥했다. 생존 학생들은 자기들만 살아남아 미안하고 죄스럽다고 했다. 하지만 자식을 잃은 유가족과 촛불 집회 참석자들은 살아 줘서 고맙다며 다독여 주었다. 오히려 어른들이 부끄럽고 미안하다며 세월호를 인양하고 진실을 밝히는 데 앞장서겠다고 다짐했다.

이어 다른 학생이 친구들에게 꼭 해 주고 싶은 말을 편지에 담아 왔다고 종이를 펼쳐 들었다.

"저는 이제 대학생이 된 세월호 생존자 박예빈입니다."

학생은 자신을 이렇게 소개했다. 그러고는 가슴으로만 써 내려가던 편지를 이제는 사람들 앞에서 소리 내어 읽고 싶다고 했다.

"3년이나 지난 지금, 아마 많은 분들이 지금쯤이면 그래도 무뎌지지 않았을까, 이제는 괜찮지 않을까 싶으실 겁니다. 단호히 말씀드리지만 전혀 그렇지 않습니다."

예빈 학생은 말을 계속 이어 나갔다.

"때로는 꿈에 나와 주지도 않고 보고 싶어도 볼 수 없는 먼 곳에 있는 친구가 원망스러울 때도 있습니다. 그 물속에서 나만 살아 나온 것이, 친구와 같이 있어 줄 수 없는 것이 미안하고 속상할 때가 많습니다. 사고가 났을 때 '가만히 있으라'는 말 대신 당장 나오라는 말만 해 주었더라면, 제대로 보고받고 제대로 지시만 해 주었더라면 지금처럼 많은 희생자를 낳지는 않았을 것입니다. 이제는 저희도 용기를 내 보려 합니다. 나중에 친구들을 다시 만났을 때 너희 보기 부끄럽지 않게 잘 살아왔다고, 우리를 멀리 떨어뜨려 놓았던 사람들을 찾아서 다 책임을 묻고 제대로 죗값 치르게 하고 왔다고 당당히 말할 수 있기를 바랍니다. 마지막으로, 먼저 간 친구들에게 해 주고 싶은 말이 있습니다."

예빈 학생은 잠시 말을 멈추었다가 다시 이어 갔다.

"우리는 너희를 절대 잊지 않고 기억하고 있을게. 우리가 나중에 만나는 날이 오면, 우리를 잊지 말고 열여덟 살 그 시절 모습을 기억해 줬으면 좋겠어."

여기저기서 눈물을 훔치고 손수건으로 얼굴을 가리며 훌쩍였다. 사람들은 예빈이가 편지 낭독을 끝내자 힘내라며 뜨겁게 박수를 쳐 주었다. 편지를 읽고 단상을 내려온 예빈이를 누군가가 조용히 안아 주었다. 예빈이도 따뜻한 품에 안겨 어깨가 들썩이도록 흐느꼈다. 도스토옙스키였다.

"아빠, 저기 도스토옙스키 아저씨야."

찬열이는 눈물을 닦다가 고개를 숙이고 울고 있는 아빠의 팔을 당기며 말했다. 정말 도스토옙스키가 거기 있었다.

세월호 아이들은 촛불 광장을 밝혀 준 별빛이 되었다. 촛불도, 새로운 대한민국을 위한 다짐도 세월호로부터 시작되고 있었다. 특정 정치인들에게 국한된 문제가 아니라 바로 내 친구, 내 자식, 내 가족의 문제였기 때문이다. 세월호 유가족과 촛불을 든 시민들은 희생된 학생들의 영정을 품에 안고 청와대 방향으로 행진해 갔다.

4

한국과
러시아의
평행이론

1917

많은 사람들 틈에서도 찬열이와 아빠는 도스토옙스키에게 한달음에 다가갔다.

"선생님! 역시 오셨군요."

"잘 지내셨습니까? 오늘은 눈물이 많은 날입니다."

세 사람은 반갑게 그리고 아프게 인사를 나누었다. 옆에는 예빈이가 서 있었다. 찬열이 아빠와 도스토옙스키는 함께 광화문 광장 바로 옆에 있는 한 카페로 들어갔다. 찬열이와 예빈이도 뒤를 따랐다. 찬열이는 예빈이 누나에게 무어라 위로해야 할지 몰라 조용히 걸음을 옮길 뿐이었다.

카페에 들어서서 차와 커피를 주문한 후 테이블에 둘러앉았다. 찬열이는 오늘 처음 만난 예빈이 누나와 정식으로 인사를 나누었다.

"집회에 조금 더 일찍 나올걸 그랬어요. 저처럼 교복 입은 학생들이 이렇게 많은 걸 보니 흥분돼요."

"찬열이라고 했니? 반갑다. 그리고 고맙고……."

예빈이는 계속 말을 이어 갔다.

"사실은 나도 오늘이 처음이야. 너무 오고 싶었지만, 힘들었고 손가락질받는 것도 겁이 났거든."

아이들을 지그시 바라보던 도스토옙스키는 예빈이에게 말을 건넸다.

"얼마나 힘들었니? 그래도 기운 내렴. 슬퍼하고만 있는 건 먼저 간 친구들이 원하는 게 아닐 거야. 친구들을 위해 뭘 할지, 우리가 무얼 할 수 있을지 함께 생각해 보자."

네 사람은 주문한 차와 커피로 몸을 덥혔다. 카페 창밖으로 보이는 광장을 바라보기도 했다. 예빈이는 고백하듯 도스토옙스키를 향해 말했다.

"그래도 오히려 광장에 오니 살 것 같아요."

"다행이구나."

"힘들었어요. '세월호 생존 학생'이라는 딱지가 계속 따라다녔으니까요. 그게 무서워서 피해 다녔는데…… 여기 와서 사람들을 만나고 나니 사람들이 저를 얼마나 소중하게 생각하는지 알게 되었어요."

예빈이는 또 눈물을 글썽였다.

"그리고 책에서만 보던 작가님도 만나 위로받으니 더 좋아요."

이번에는 예빈이의 얼굴에 엷은 미소가 떠올랐다.

"나야말로 고맙구나."

도스토옙스키가 눈을 찡긋했다. 찬열이 아빠도 예빈이에게 눈빛으로 힘내라는 무언의 격려를 보냈다. 그러고는 광화문 광장 쪽으로 고개를 돌리더니 한참을 바라보았다.

"한국 역사에서 이곳 광화문 광장은 큰 의미가 있는데, 혹시 알고 계시나요?"

아빠는 도스토옙스키의 얼굴을 보며 물었다

"잘 모릅니다. 어떤 의미입니까?"

"광화문(光化門)은 '빛으로 여는 문'이자 빛의 사람들이 새로운 세상을 열어 온 역사적인 현장입니다. 1893년에 동학도들은 수운 최제우라는 분의 억울한 죽음을 풀고 폭정을 멈추기 위해 이곳에 모여 집단 상소를 올렸죠. 또 1919년 3월 1일에는 일제 치하의 선조들이 대한 독립 만세를 외치며 조선총독부가 있던 광화문으로 행진하다 붉은 피를 물들이며 쓰러지기도 했고요. 1960년 4월 19일에는 교복 입은 학생들이 총구 앞에 나서 대통령을 하야시켰고, 1987년 6월 10일에는 100만의 민주 항쟁으로 군부 독재를 끝내고 직선제를 쟁취한 곳이기도 합니다. 대통령을 국민의 손으로 직접 뽑게 되었죠."

찬열이도 처음 듣는 이야기여서 귀를 쫑긋 기울였다. 게다가 아빠가 이렇게 진지한 모습도 처음 보았다.

"이후 우리는 질곡의 근현대사를 지나오면서, 바로 이 광장에서 평화와 정의를 향한 열망을 촛불 집회로 이어 나갔어요. 2014년에는 세월호 진상규명 촛불 집회로 이어졌고, 보시다시피 2016년 말부터 지금까지는 촛불 혁명이라는 또 하나의 '빛의 역사'를 광화문 광장에 새기고 있습니다.[2] 우리에게 광화문 광장은 민족의 역사를 응축하고 있는, 자유를 향한 민중들의 염원이 담긴 공간인 셈이죠."

"한국 역사에서 이곳은 그런 역할을 해 왔군요. 나에게도 광장은 영혼의 자유를 주는 공간입니다. 난 광장을 참으로 좋아하고, 실제로 작품에서 큰 의의를 부여하기도 했어요. 아마 이건 내 고통스러운 체험과도 연결되어 있는 것일지 모르겠지만요."

"네? 그게 뭔데요?"

찬열이가 눈을 동그랗게 뜨고 되물었다.

"나는 한때 감옥살이를 하던 죄수였단다. 시베리아 유형지 옴스크에서 발목에 족쇄를 찬 채 4년여 동안 옥살이를 했고, 6년간은 사병으로 복무하기도 했어. 심리적이든, 물리적이든 감옥에 갇혀 있던 사람들에게 광장은 그야말로 해방의 공간이지."

"아, 생각해 보니 오래전에 얼핏 그런 글을 본 것도 같아요."

찬열이 아빠도 기억을 더듬는 듯했다.

"저에게 자유란 절대 책상에 앉아 머릿속으로만 표출하는 것이 아니에요. 감옥이라는 폐쇄된 공간은 특성상 인간의 극단적인 여러 속성이 표출될 수밖에 없죠. 읽어 보셨는지 모르겠지만, 시베리아 유형지 감옥에서 죄수로 복역하는 동안의 실제 기록이 내 소설《죽음의 집의 기록》이에요. 감옥에 갇혀 본 사람은 알죠. 자유가 뭔지, 자유가 주는 영혼의 해방감이 어떤 건지. 좁고 폐쇄된 감옥이라는 곳과 대비되는 '광장'은 그 이름만으로도 영혼과 자아의 열림을 상상하게 해 주죠."

"맞습니다. 우리 민족에게도 광장의 이미지가 더욱 부각되는 건 민주주의와 자유를 향한 열망 때문일 겁니다. 이것이 촛불 혁명의 열망이겠죠."

찬열이 아빠가 그의 말을 거들었다.

"우리 러시아 혁명도 100년 전 겨울이었어요. 바로 1917년. 그런 점에서 2017년은 여러 의미가 있는 해로군요. 2017년 현재 러시아에서도 소비에트 혁명 100주년을 기념하고 있죠. 마치 평행이론처럼 러시아와 한국의 역사는 100년의 간극을 두고 다시 쓰이는 것 같습니다."

도스토옙스키는 어깨를 으쓱하며 참으로 신기한 일이라는 듯한 표정을 지었다.

"정말 소비에트 혁명과 촛불 혁명에는 공통점이 있네요. 한국의 촛불 혁명은 동토의 땅이라 불리는 러시아 혁명 이후 세계 혁명사에 없던 겨울 혁명일 겁니다. 영하의 날씨에 눈비 내리는 주말이 계속되었지만, 우리는 눈발을 뚫고 광장으로 나왔어요. 눈발은 하얗게 날리는데, 양손에 피켓과 촛불을 들고서 앉지도 못한 채 발을 동동 구르며 광장을 서성였죠. 정의롭지 못한 사회에서도 의로움을 지켜 온 선한 사람들이 애틋하고 간절한 마음으로 매주 새로운 역사를 써 나간 겁니다."

아빠는 엄지손가락을 치켜세우며 자랑스러워했다.

"100% 공감합니다."

도스토옙스키도 웃으며 응수했다. 찬열이 아빠는 계속 말을 이어 갔다.

"정말 한국과 러시아 모두 겨울 혁명을 이끌어 내면서 '뜨거운 겨울'을 보냈네요. 러시아는 살인적으로 춥겠지만, 한국도 촛불 집회를 시작한 이후 가장 추운 주말에도 수십만의 촛불이 꺼질 줄 몰랐거든요."

"그래요. 자유에 대한 갈망은 1917년 소비에트 혁명에서도 뜨거웠죠. '혁명은 하기보다 지키기가 더 어렵다'는 말처럼, 혁명의 결과로 탄생한 소비에트 정권은 많은 폐해를 드러내기도 했지만 말입니다. 하지만 원래 정신은 정말로 순수했어요. 이런 촛불 시민혁명 이전에 한국 역사에서 민주주의와 자유를 향한 부단한 움직임이 있었다고 하셨죠? 러시아도 혁명이 일어나기 오래전부터, 지배자가 국가를 장악해 마음대로 권력을 휘두르는 전제정치와 봉건적인 농노제[3]를 폐지하려는 열망이 있었습니다. 더 나아가 지성인들은 민중을 계몽하고 사회를 변혁하기 위해 끊임없이 노력했고요. 나 역시 몸소 그 혁명의 정신 속에 살기도 했죠. 지금 돌이켜보면 현실을 잘 모르는

4 한국과 러시아의 평행이론

감상적 측면도 없진 않았지만요."

"그러셨군요. 올해는 한국과 러시아에 모두 의미 있는 해네요."

찬열이 아빠는 활짝 웃었다.

"그런데 분명한 차이점이 있습니다. 시위와 혁명을 진행해 가는 방식에서요. 나는 놀라고 있어요. 광장에서의 집회가 이렇듯 평화롭게 진행된다는 것이. 내가 모든 적폐와 부자유와 부조리에 대한 변혁, 그런 혁명 정신을 옹호하면서도 폭력에 반대하는 건 무엇보다 생생한 내 체험 때문입니다. 이제 그 이야기를 들려드려도 될까요?"

[2] 김예슬, 《촛불혁명》, 느린걸음, 2017, 179쪽 참조.

[3] 농노제는 봉건주의 체제의 바탕을 이루는 장원제도에서 비롯된 것으로, 영주와 농민 사이의 예속적인 관계를 전제로 한다. 서유럽은 르네상스 운동이 일어나 봉건제도가 무너지면서 농노제가 폐지되고 시민 사회로 옮겨가는 움직임이 진행되던 데 반해, 이 시기 러시아는 농노제가 오히려 틀을 갖추고 제도화되었다. 이것이 19세기까지 러시아 사회의 후진성을 대변하면서 숱한 반발과 저항을 불러왔다. 알렉산더 2세가 농노제 폐지를 공식 선언한 1861년에 이르러서야 러시아의 농노제는 종식을 고한다.

5

도스토옙스키의
고백

도스토옙스키는 앞에 놓인 따뜻한 차를 한 모금 마셨다. 그러고는 머릿속에 깊이 간직되어 있던 오래전 기억을 끌어올리려는 듯 깊은숨을 가다듬었다.

"내 삶을 고백합니다. 오늘날 정부 입장에서 보자면, 당시 난 반정부 활동을 했어요. 그래서 체포되었고 사형 선고도 받았습니다. 왜 사형되지 않았는지는 나중에 기회가 되면 더 얘기하지요. 여하튼 내가 체포된 건 페트라솁스키가 만든 모임에서 활동했다는 이유였어요. 청년 시절에 난 낭만주의적 관념주의와 프랑스의 유토피아 사회주의에 영향을 받았습니다. 발자크[4], 그리고 자유분방한 연애로 유명한 프랑스 소설가 조르주 상드에 심취하면서 사회 문제에 관심을 갖게 되었죠. 그래서 프랑스 사회주의 이론을 공부했고, 그것을 삶에 적용하려고 했어요. 이후 내가 쓴 《가난한 사람들》이라는 작품은 그런 의미에서 당시 대비평가였던 벨린스키로부터 러시아 사회 소설의 창시라고 열렬히 환호받기도 했죠. 내가 쓴 거의 모든 초기 작품들은 사회의 불의에 항거하고, 학대받고 모욕받는 사람들을 변호합니다."

"아, 그렇군요."

찬열이 아빠는 고개를 끄덕였다.

"그러던 중 아마 1846년 봄이었을 겁니다. 페트라셉스키라는 분을 알게 되었어요. 그분의 서재에서 생시몽의 《새로운 기독교 정신》, 카베의 《예수를 따른 진정한 기독교》, 프루동의 《안식일 집전》 등 사회주의 기독교 서적을 빌려 보았죠. 그리고 그가 주관하는 서클에 자주 출입하면서 같은 사상을 신봉하는 사람들을 만나게 되었습니다."

"그런데 그게 왜 문제가 되었을까요?"

찬열이 아빠가 되물었다.

"사실 그 모임 자체가 크게 문제가 된다고 생각하지 못했어요. 우리가 금요일마다 페트라셉스키의 아파트에서 모임을 한다는 사실은 도시 전체가 알고 있었거든요. 우린 당시 서구에 유행처럼 퍼지던 공상적 유토피아 사상에 심취했어요. 시대 분위기가 그랬죠. 여기에는 기존 질서에 반대하는 강경한 환멸감도 있었겠지요. 난 조르주 상드, 발자크가 보여 준 새로운 기독교 예술이 세계를 갱생시키고 인류에게 행복을 가져다줄 것으로 여겼어요. 생시몽, 푸리에, 프루동의 사상 체계가 더 나은 삶에 대한 갈망을 충족시켜 줄 거라 확신했고요."[5]

"그 순수한 믿음이 왜 문제가 되었죠? 사상 자체는 정말 멋진데요."

아빠는 반문했다.

"난 순수했던 믿음을 그대로 간직하지 못했어요. 《가난한 사람들》을 쓴 낭만적 이상주의자였던 나는 곧장 공상적 사회주의에 경도되었는데, 여기서 기폭제가 된 건 프랑스 혁명이었어요. 나뿐만 아니라 당시 대부분 지식인들이 그랬을 겁니다. 그동안의 탁상공론[6]에 종지부를 찍고 행동을 취해야 할 때가 왔다는 게 보편적인 생각이었죠."

"아, 프랑스 혁명이요?"

조용히 있던 예빈이가 아는 것이 나왔다는 듯이 반갑게 말했다.

"헉, 그러면 여기서 프랑스 혁명을 모르는 건 저뿐인가요?"

찬열이가 머쓱한 표정을 지었다.

"하하, 괜찮아. 모를 수도 있지. 프랑스 혁명은 프랑스에서 일어난 자유주의 혁명이야. 세계 역사에서 민주주의 발전에 크게 영향을 끼친 사건이지. 수많은 시민들이 왕이 나라를 지배하던 왕정을 무너뜨렸거든."

"들어 본 것도 같아요."

아빠가 설명하자 찬열이가 말했다.

"작가님, 그럼 프랑스 혁명처럼 '뭔가 행동하라' 이거였나요?"

아빠는 오른팔을 추켜올리며 주먹을 불끈 쥐고 웃었다. 도스토옙스키도 따라 웃었다.

"네, 그랬어요. 1849년으로 접어들면서 페트라솁스키 모임 내에

균열이 생기기 시작했죠. 그리고 두로프라는 인물을 중심으로 혁명 그룹을 결성한 일에 내가 연루된 겁니다. 회원들은 강경파와 온건파로 나뉘었는데, 난 한마디로 강경파에 가까웠죠. 두로프 비밀 혁명 조직에 가담하면서, 기독교적 휴머니즘에서 출발했던 나는 무신론적 공산주의로 귀착하는 모양새가 되었습니다. 그리고 1849년에 체포되었어요. 내 죄목에는 반정부적인 선전용 문서를 발간하는 비밀 인쇄소를 차리는 데 협력했다는 것도 포함되어 있었어요."

"선생님은 조용한 문학청년이신 줄 알았어요. 기독교 사상이 가득 배어 있는 선생님의 소설을 보면 강경파였다는 사실이 믿기지 않는데요."

찬열이 아빠는 고개를 갸우뚱했다.

"그래요? 허허. 그런데 강경파라고 보는 게 적절해요. 당시 내게 사회주의란 기독교 정신을 세대와 문명에 맞추어 수정하고 개선하는 일이었어요."

"그런데 두로프 서클에서는 뭘 한 거예요?"

찬열이가 어른들만의 대화 같은 이 흐름에 끼어들었다.

"두로프 서클은 결코 순수한 집단은 아니었어. 페트라셉스키 모임에서 절충적인 온건한 사상에는 만족하지 못하는 사람들로 조직되었단다. 페트라셉스키는 드러내 놓고 싸우는 전사는 아니었으니까. 그는 혁명보다는 여러 사회 집단에 점진적인 영향력을 행사하는 평화로운 정치 선전을 채택하자고 주장했어. 그래서 이렇게 무력한 모임에서 뭘 할 수 있을까 싶어 소수 강경파가 이탈해 그에 대한 맹렬한 반대파에 합류했고, 나도 결과적으로 여기에 포함되었지.[7] 두로프 서클의 중심은 니콜라이 스페시노프라는 사람이었어. 이 사나이는 미남에다 부자였고, 차갑고 말수도 적은 귀족 신사였지. 항상 자기감정을 감추고 어떤 경우에도 표정을 바꾸는 법이 없었어. 해외에서 페테르부르크로 돌아온 이후에 페트라솁스키 모임을 자주 방문하기 시작했지만, 그다지 좋아하진 않았어. 마르크스와 엥겔스의 《공산당 선언》[8]을 최초로 접한 러시아인 가운데 한 명이었던 그가 자유주의적 한담에 흥미를 느낄 수 없는 건 너무 당연했을 거야. 그래서 그는 무신론을 설파하고 비밀 혁명 단체를 선동했지. 무신론을 설파하는 그에게서 난 강한 매력과 악마적인 힘을 동시에 느꼈고, 《악령》의 비극적인 주인공 니콜라이 스타브로긴을 통해 그를 불멸의 존재로 만들었어."

"소설 제목이 '악령'이라고요? 처음 들어 보는데요⋯⋯."

찬열이 아빠는 머쓱한 웃음을 지었다.

"아마 《죄와 벌》이나 《카라마조프가의 형제들》보다는 덜 알려졌을 겁니다. 그런데 내 젊은 시절의 사상은 사실 이 소설에 강하게 드러나 있어요. 당시 러시아의 과격한 운동 단체가 보여 준 작태들도 묘사했죠. 민중 봉기를 준비하는 것이 목적이었던 이 단체는 배반하는 경우에는 비밀을 보장하기 위해 죽음으로 처벌한다는 내용까지 강령에 포함시켰거든요. 이 모든 것이 《악령》에 그대로 나타납니다."

"그럼 제목 '악령'은 이런 급진적인 공산주의자들을 지칭하신 건가요?"

찬열이 아빠가 물었다.

"맞아요. 러시아어로는 '악령'이고 영어로는 '사로잡힌 자(The possessed)'로 번역되었는데, 특히 영어 제목은 의미를 아주 잘 살렸어요. 당시 우리는 자신들만의 생각에 '사로잡혀' 있었던 게 사실이니까요. 이들은 비밀 인쇄소와 반란 선동을 계획했던 당시 우리 그룹과 같은 맥락이었던 거죠."[9]

"재밌겠네요. 나중에 꼭 읽어 봐야겠어요."

예빈이도 호응했다.

"고맙구나."

미소를 띤 도스토옙스키는 계속 말을 이어 나갔다.

"훗날 《작가 일기》를 통해 이런저런 합리화를 하기도 했습니다만, 젊은 시절 내가 결국 공산주의에 빠진 건 사실입니다. 아직 철이 없던 시절이기는 하지만 어떻게 그런 오류에 빠졌는지 모르겠어요. 우리 자신은 어떤 폭력도 쓰지 않았다고는 하나, 이 모임이 지속되었다면 과격한 공산주의자들이 걸었던 길과 특별히 다르지 않았을 겁니다.[10] 내가 이렇게 독재에 맞서 싸운 건 이것이 또 다른 폭력을 불러

일으킬 위험 때문이에요. 그런데 한국의 촛불 집회는 정말 아름답습니다. 이 집회가 더욱 의미 있는 건 평화 집회라는 점 때문이지요."

도스토옙스키의 찬사를 듣던 찬열이 아빠는 어깨를 으쓱했다.

"물론 한국도 항상 평화 집회를 해 온 건 아닙니다. 과거에는 물대포가 동원되었고, 전경과 몸싸움을 했거든요. 국가 폭력의 실체를 뼈저리게 느꼈죠. 지금의 평화 집회는 그만큼 우리 사회가 성숙했다는 의미로도 볼 수 있을 겁니다. 매주 100만 명이 넘는 인파가 모이면서도 단 한 건의 사고, 단 한 번의 폭력도 없었으니까요."

"평화적인 시위가 가능했던 건 문화 행사의 힘이 아닐까 싶기도 하네요. 너무 재밌고 감동적입니다. 그 힘으로 분노로 돌발할 수 있는 현장이 축제의 광장이자 감동의 광장으로 변신하니까요."

"맞아요. 저도 친구한테 집회가 축제 같다고 했거든요."

찬열이가 지민이에게 했던 말을 떠올리며 말했다.

"찬열이도 그걸 느꼈구나? 오 대단한데."

아빠가 찬열이의 어깨를 툭 치며 웃었다.

"한겨울에 찬 바닥에 앉아 뜨겁게 외치는 100만의 함성, 밤의 광장과 거리가 100만 개의 촛불로 빛나는 장관은 감동 그 자체예요. '대한민국은 민주 공화국이다. 모든 권력은 국민으로부터 나온다'는 말이 이토록 가슴을 울렸던 때가 있었나 싶습니다. 글자로만 존재하던 헌법이 촛불 광장의 함성으로 되살아나는 순간이 아닐 수 없죠. 해외

언론에서도 한국의 시위 문화를 촛불과 노래, 공연이 하나로 어우러진 빛의 축제로 묘사했다더군요. 결국 문화 시위가 성숙한 시민의식을 만들었다 해도 과언이 아니에요. 광장은 그야말로 문화 축제의 장이 됐고, 우리에게 새로운 시위 문화가 생긴 겁니다."

아빠가 뿌듯한 목소리로 설명했다.

"그래요. 광장은 위트와 유머의 공간이자 감동과 치유의 공간입니다. 광장이라는 같은 공간에서 촛불을 들고 그렇게 하나가 되어 가고 있군요."

"이 많은 사람들이 모이는데 몇 주 동안 다치는 사람 하나 없이 평화롭게 진행된 것 자체가 기적 아니겠습니까?"

찬열이 아빠의 목소리에는 자부심이 배어났다.

"그렇죠. 멋집니다. 불의한 권력, 부패한 정치에 분노하고 절망한 시민들이 여기 이 광장에서 서로서로 격려하고 응원하며 민주주의에 대한 열망을 키웠겠지요. 세계 역사상 이렇게 평화롭고 위대한 시민 명예혁명은 없을 겁니다."

광화문 광장 먼 곳을 응시하는 도스토옙스키의 목소리에도 진한 감격이 젖어 있었다.

[4] 발자크(1799~1850) : 프랑스 소설가로, 근대 사실주의 문학 최고의 작가이다. 소설에 의한 사회사라는 거창한 구상 아래 작품을 썼으며, 그 총서에 '인간 희극'이라는 제목을 붙였다.

[5] 도스토옙스키는 자신의 청년기를 회고하면서 《작가 일기》에서 다음과 같이 썼다.
"당시에는 문제를 낙원 같은 장밋빛 광선 속에서 바라보고 있었다. 실제로 몇몇 사회주의자들이 그랬던 것처럼 사회주의는 발생론적 측면에서 기독교 정신과 비교되었으며, 단지 기독교 정신을 우리 세대와 문명에 알맞게 수정, 개선하는 것일 뿐이라고 여겼다. 당시에는 획기적이었던 이 새로운 사상들은 페테르부르크에 살던 우리에게 열렬한 환영을 받았고, 가장 성스럽고 도덕적이며 또한 가장 중요한 것으로, 인류 보편적인 것으로, 예외 없이 만민을 다스리게 될 미래의 법으로 비쳤다. 1848년 프랑스 혁명이 발발하기 오래 전부터 우리는 이미 이 사상의 매혹적인 영향에 흠뻑 젖어 있었다."
콘스탄틴 모출스키, 《도스토예프스키》, 김현택 옮김, 책세상, 2000, 161쪽 참조.

[6] 탁상공론(卓上空論) : 현실성이 없는 허황한 이론이나 논의.

[7] 콘스탄틴 모출스키, 《도스토예프스키》, 김현택 옮김, 책세상, 2000, 174~175쪽 참조.

[8] 《공산당 선언》 : 1848년에 마르크스와 엥겔스가 함께 쓴 책. 사회의 역사를 계급 투쟁의 역사로 보고 공산주의자의 정치 투쟁의 기본 원칙을 논술했다.

[9] 《악령》은 도스토옙스키 자신의 체험 외에도 작품 집필 당시에 있었던 사회 문제와도 결합된다. 작가는 당시 페테르부르크대학의 청강생이었던 네차예프라는 인물의 주도로 대학생들이 사회를 전복하려 했던 떠들썩한 사건을 끌어왔다. 비밀 인쇄소와 반란 선동을 계획한 소설 속 혁명 세력은 실제로 네차예프 단체와 아주 흡사했다. 훗날 《악령》에서 도스토옙스키는 귀신 들린 러시아 내의 많은 악령들을 추방했다. 하지만 자신도 한때 그들 무리에 속해 있었다는 사실을 기억하고 있었다. 도스토옙스키는 자신의 소설 《악령》에서 이런 파괴 행위에 몰두하는 광신자들을 비난했다.
콘스탄틴 모출스키, 《도스토예프스키》, 김현택 옮김, 책세상, 2000, 170쪽 참조.

[10] 콘스탄틴 모출스키, 《도스토예프스키》, 김현택 옮김, 책세상, 2000, 168쪽 참조.

6

온몸을 태우며
빛을 밝히는
촛불처럼

서울은 시위의 불빛으로 찬란히 빛나고 있었다. 아름다웠다. 큰 도시 한가운데에 수백만 명이 모여 촛불과 스마트폰을 들고 빛으로 파도타기를 하는 모습은 어디서도 보기 힘든 장관이었다.[11] 대한민국은 조금씩 새로 태어나고 있었다.

어둠은 빛을 이길 수 없다
진실은 침몰하지 않는다

스피커에서 울려 퍼지는 노래에 찬열이 아빠는 가만히 귀를 기울였다. 그리고 조용히 입을 열었다.

"확실히 우리는 촛불과 함께 다시 태어나고 있네요. 국민들의 각성은 세월호 참사로 희생당한 아이들의 고통에서 비롯되었다고 해도 과언이 아닙니다. 시민들의 가슴에 남아 있는 불씨가 촛불 집회에서 타오르는 거겠죠."

"저도 공감합니다. 인간은 시공간의 한계를 지닌 존재인지라, 합리성이나 상식을 넘어서는 강력한 체험을 하게 될 때 새로운 전환기를 맞는 경우가 많지요. 촛불이 지닌 상징처럼, 모든 재탄생은 또 다른 희생에서 잉태되는 법입니다. 어머니의 임신과 출산의 고통으로 새로운 생명이 탄생하듯이요."

도스토옙스키가 나직이 말했다.

"작가님도 그러신 적이 있나요?"

예빈이는 의아한 눈빛으로 그에게 몸을 향했다.

"나의 재탄생도 체포와 투옥 생활, 사형 체험이라는 고통을 통해 일어났단다. 다시 태어난다는 건 정말 중요해. 내 작품의 중요한 모토 역시 새로운 인식의 전환, 새로 태어남, 영혼의 갱생이라고 할 수 있어. 내가 새롭게 태어난 경험과 연결되어 있다는 말이지. 비유가 아니라 난 실제로 죽음의 문턱까지 갔으니까."

"진짜요?"

찬열이가 눈을 휘둥그레 떴다.

"그래. 1849년, 나는 실제로 처형대에 서 있었어. 체포되고 나서 사형 선고를 받았거든. 이후 가짜 처형식으로 밝혀졌지만, 당시 나와 사형 선고를 받은 동료들은 이 사실을 전혀 알 수 없었어. 우리는 각자 자신의 죽음을 준비했단다. 죽음이 가까이 다가오는 공포의 시간을 응시하는 동안 내 안에 있던 '옛사람'은 죽었지."

"그런데 그게 짜고 치는 고스톱이라는 걸 정말 눈치채지 못하셨어요?"

의자를 바싹 당겨 앉으며 예빈이가 반문했다.

"전혀 몰랐어. 당시 우리에게 사형을 명한 황제는 사형대의 규모, 사형수들이 입을 의상, 종부성사를 집전할 성직자들의 복장, 북소리의 속도, 요새 감옥에서 광장까지의 이동 경로 등 모든 디테일을 손수 다 짰고, 실제로도 그대로 진행했거든."

"그런데 황제는 왜 그런 술수를 쓴 거죠?"

찬열이 아빠가 호기심에 가득 차 되물었다.

"황제는 우리를 혼쭐내 주고 싶었겠죠. 무엇보다 이 철딱서니 없고 괘씸한 풋내기들에게 법적인 형벌 외에 평생 기억에 남을 만한 따끔한 뭔가를 하나 더 줘야겠다고 결심한 거죠. 일단 되바라진 청년들에게 사형을 선고해서 잔뜩 겁을 준 다음, 마지막 순간에 극적으로 구해 줘서 황제의 전권과 자비심에 감동하도록 하는."

"잔인해요. 아무리 그래도 죽음을 가지고 그런 장난을 치다니."

예빈이도 거들었다.

"그래도 정말 모르셨나요?"

찬열이는 도스토옙스키에게 재차 물었다.

"전혀. 나는 내 마지막을 준비했어. 실제로도."

"헐, 정말 두려우셨겠어요."

찬열이는 믿을 수 없다는 표정으로 작게 말했다.

"글쎄 뭐라 말해야 할까. 단순히 두려운 것은 아니고……."

"어떠셨어요?"

찬열이 아빠는 꿀꺽 침을 삼키며 도스토옙스키를 쳐다보았다. 그리고 말을 이어 갔다.

"사실 죽음의 문턱까지 갔다가 삶으로 귀환한 사람들의 증언에 의하면, 죽음 직전의 그 짧은 순간에 자기 인생의 중요한 나날들이 필름처럼 한순간에 지나가는 걸 응시했다는 경우가 많아요. 삶에 대한 회한, 용서를 구해야 하는 사람들의 영상과 함께 말이죠. 선생님은 어떠셨어요?"

"그래요. 내 삶에서도 결정적인 사건은 사형 집행을 기다리며 교수대 위에 서 있었던 그 몇 분이었을 겁니다. 이 체험은 20년이 지난 뒤, 소설《백치》에서 묘사했어요. 주인공 믜시킨 공작은 한 귀족의 집에서 어떤 이야기를 듣게 되는데, 그게 바로 리옹에서 목격한 단두대 사형 장면과 함께 사형 선고를 받았던 사람의 마지막 몇 분간에 대한 거예요. 이건 사실 제 얘기죠. 사형을 집행하는 날 형장에 도착한 사형수에게 마지막으로 주어진 5분의 시간에 대한 이야기요. 심리적 시간이 무한히 확장된달까. 28년을 살아온 그 사형수에게 마지막으로 주어진 최후의 5분은 짧은 것이었지만, 인생 전체와 맞바꿀 만치 소중한 시간이었어요. 그는 마지막 5분을 어떻게 썼을까요?"

찬열이는 자기라면 5분을 어떻게 썼을까 생각해 보았다. 하지만 도무지 상상이 되질 않았다.

"자신을 알고 있는 모든 이들에게 작별 기도를 하는 데 2분, 오늘까지 살게 해 준 하느님에게 감사하고 곁에 있는 다른 사형수들과 한 마디씩 작별 인사를 나누는 데 2분, 나머지 1분은 눈에 보이는 아름다운 자연과 지금 최후의 순간까지 서 있게 해 준 땅에 감사했어요. 이처럼 죽음 직전에 남겨진 5분 동안의 단상은 인간 의식에서 시간을 무한히 확장할 수 있음을 보여 주죠. 5분밖에 안 되는 시간이지만 평소에는 생각지도 못했던 초인적인 삶의 감각을 느낄 수 있고, 이것이 그 어떤 보물보다도 귀중하다는 걸 깨달았으니까요."[12]

도스토옙스키는 회한에 젖은 말을 마치고 긴 숨을 내쉬었다.

"처형대에서 체험한 '초월성에 대한 감각'이 선생님을 심오한 그리스도교 영성의 대가로 다시 태어나게 한 계기가 되었을 수도 있겠네요."

찬열이 아빠는 그의 눈을 응시하며 되물었다.

"그리스도교 영성의 대가요? 허허, 그건 너무 거창하군요. 하지만 이거 하나는 분명합니다. 나에게 이런 갱생은 새로운 삶이었고, 하나의 부활이었어요. 이 순간은 생각 이상으로 이후 내 삶에 영향을 주었어요. 난 그야말로 팔딱팔딱 뛰는 생(生)의 감각을 느꼈으니까요. 이후 기적처럼 다가온 새 생명에 대한 인식이야말로 눈부신 환희가 아니었을까요? 이 혹독한 죽음 체험에서 살아나자마자 세상에서 제일 사랑하는 내 형한테 편지를 썼어요. 알려 주고 싶었어요. 죽음의 통로를 빠져나온 체험은 너무나도 강렬한 것이었으니까요. 그래서 가짜 교수형이 끝나고 몇 시간 뒤에 쓴 편지에는 눈앞에서 죽음을 목격했다 살아난 사람의 감격이 배어 있을 수밖에 없었죠. 난 온몸으로 깨달았어요. 삶은 그 자체로 은총이며 행복이라는 걸요."

도스토옙스키는 조용히 그때 형에게 보냈던 편지의 한 부분을 떠올렸다.

형, 나는 기운을 잃지도, 정신을 잃지도 않았습니다. 어느 곳에서의 삶이든 그것 역시 삶이고, 삶은 우리 자신 속에 있는 것이지 결코 외부에 있는 것이 아니라는 것을 깨달았습니다. 어떤 재난이 몰아닥친다 해도 의기소침하지 않고 흔들리지 않는 것, 그것이 인생이고 바로 거기에 인생의 과제가 있는 것 아니겠습니까? 나는 이 점을 깨닫게 되었습니다. 이런 사고가 내살과 피가 되었습니다. (……)

형, 그럼 안녕! 나 때문에 슬퍼하지 마십시오. 지금까지 이처럼 건강하고 풍족한 영적인 생명이 내 안에서 고동친 적은 없었습니다. 오 하느님! 얼마나 많은 심상들이 떠올랐는지!

(……) 지금 이 순간, 나는 과거에 만났던 모든 사람을 기꺼이

사랑하고 포옹할 수 있을 것 같습니다. 오늘 죽음과 대면하고 소중한 사람들에게 작별을 고할 때가 되어서야 그런 사실을 깨달았습니다. 과거를 되짚어 볼 때 아무런 가치도 없는 일에 얼마나 많은 시간을 허비했었는지요. (……) 삶은 행복입니다. 매 순간이 행복의 시간이 될 수 있습니다.[13]

"작가님의 소설이 지닌, 그 누구의 소설과도 비교할 수 없는 독보적인 가치는 아마도 이 놀라운 갱생 체험 덕분일 듯합니다."

찬열이 아빠는 큰 가르침이라도 얻은 표정으로 말을 건넸다.

"그래요. 형에게 보낸 편지에서도 인정했지만 나는 새로운 형태로 다시 태어난 거죠. 보통 다시 태어남은 어떤 식으로든 환희가 따라오죠. 하지만 여기서 모든 문제가 해결된 건 아니었어요. 죽음의 문턱에서 가까스로 빠져나오긴 했지만, 4년간의 시베리아 징역과 4년간의 병역 의무가 기다리고 있었으니까요. 1850년 1월 23일이었을 거예요. 난 시베리아 옴스크 유형수 부대에 도착했어요. 여기서 보낸 시간은 관 속에 갇힌 채 생매장당한 세월이었다고 해도 과언이 아니죠. 살인범, 강도, 폭력범, 저능아들과 함께 강제 노동을 하며 추위와 굶주림, 위장병, 류머티즘, 신경발작에 시달려야 했어요. 어떻게 보면 죽지 못해 산 세월일 수도 있습니다. 이 끔찍한 기억이 《죽음의 집의 기록》과 《죄와 벌》의 에필로그에 등장해요. 특히 《죽음의 기록》에는 지옥 같은 혹독한 감옥 생활, 악취와 오물에 둘러싸인 삶, 짐승과도 같은 수인들의 모습, 귀족 출신 수감자들에 대한 수인들의 불같은 분노를 생생히 묘사했지요. 고통스러운 시간이었어요. 그런데도 내가 희망을 잃지 않고 지옥 같은 수감 생활을 견뎌 낼 수 있었던 건, 그리고 찬열이 아빠가 말한 것처럼 모든 작품이 생명의 환희로 넘쳐나는 건 바로 이 고통에서 발견한 생명력이 원천이었을 겁니다."

그 순간 도스토옙스키는 당시 감옥에서 형에게 자신의 상황에 대해 쓴 편지를 떠올렸다.

우리는 하나의 무더기로, 모두 하나의 막사에 처넣어진 채 살았습니다. (……) 바닥이란 바닥은 죄다 썩었습니다. 바닥에는 오물이 2.5cm 이상 쌓여 있었습니다. 밟으면 미끄러져 넘어질 지경이었습니다. (……)

통로 위에 욕조가 하나 놓여 있었는데 그 악취가 참을 수 없을 정도였습니다. 수인들은 모두 돼지처럼 악취를 풍기면서도 '살아 있는 사람'이 어떻게 더럽히지 않고 살아갈 수 있느냐고 하더군요. 한 치의 틈도 없이 이, 벼룩, 바퀴벌레 등이 바글거렸습니다. (……)

단식일에는 멀건 양배추 수프 외에는 아무것도 나오지 않습니다. 나는 참을 수 없이 배가 아팠고, 병도 자주 앓았습니다. 돈 없이 그곳에서 지낼 수 있는지 생각해 보십시오. 만약 돈이 없었다면 아마 나는 죽었을 것이며, 수인들 가운데 한 사람도 그런 생활을 견뎌 내지 못했을 겁니다. (……)

끊임없는 증오심과 자신을 둘러싼 시비, 욕설과 비명, 소동과 고함소리, 항상 따라붙는 감시와 자신만의 시간은 주어지지 않는 생활. 이런 생활을 아무 변화 없이 4년 동안 계속했다고 상상해 보십시오. 정말로 삶이 지옥 같다는 말을 이해할 수 있을 겁니다.[14]

도스토옙스키는 감옥에서 느꼈던 피로와 반감, 분노가 갑자기 밀려온 탓인지 미간을 찌푸렸다. 그의 인생 이야기를 차분하게 듣던 찬열이와 아빠, 예빈이는 그 고난에 고개가 절로 숙여지면서도 온몸으로 고통을 겪어 낸 그 삶에 뭐라 말을 덧붙이기 어려웠다.

"이런 체험을 통해 선생님이 무신론적 사회주의자에서 그리스도를 사랑하는 인간으로 다시 태어났다고는 해도, 인생의 황금기랄 수 있는 30대는 오로지 체포, 수감, 유형 생활로 소진해 버린 셈이군요."

찬열이 아빠는 간신히 입을 뗐다.

"맞습니다. 하지만 10년 동안의 이 세월이야말로 내가 작가가 되어 평생을 글쟁이로 살아가는 데 가장 비옥한 토양이 되었다는 건 분명합니다. 생지옥 체험이나 다를 바 없었지만, 강철이 불 속에서 단련되듯이 눈물을 먹고 자란 예리한 통찰의 꽃은 내가 인간의 죄의식이나 범죄 심리의 원인을 분석하는 보배가 되었죠. 수감 생활은 내 작품의 무수한 캐릭터가 태어나는 산실이 되었고, 내 사상 역시 단단하게 구축되는 분기점이 되었습니다. 아마 이런 거듭남은 오래도록 잊고 지냈던 성서를 다시 펼치면서부터였을 거예요. 성서는 내가 4년 형기 중 지닐 수 있도록 허락된 유일한 책이었습니다. 수감 생활 내내 베개 밑에 고이 간직했죠. 시베리아 유형 전에 과격한 사회주의자이자 공상적 혁명가, 무신론자였던 내가 주님 바라기가 되었으니까요. 심지어 진리가 그리스도와 함께 있지 않더라도, 진리보다는 그리스도 편에 서겠다고 맹세했습니다. 그래서 내 삶이 그러했듯이, 영혼의 갱생을 체험하는 소설 속 인물들이 몹시 소중했어요. 마치 나를 보는 것 같았거든요. 대표적인 인물이 《죄와 벌》의 주인공 라스콜니코프입니다."

"《죄와 벌》내용은 저도 잘 알아요."

눈을 반짝이며 대화에 끼어든 예빈이는 말을 이어 나갔다.

"자신이 비범한 인물인지 아닌지 알아보겠다고 전당포 노파를 살해하는 대학생 얘기잖아요. 가난한 휴학생이던 그는 사악한 부자를 죽여 그 돈으로 가난한 사람들을 돕겠다는 이념도 있었던 것 같아요."

"《죄와 벌》은 저도 읽었어요. 작년에 우리 학교 필독서였거든요.

너무 길어서 중간중간 뛰어넘긴 했지만요."

이번에는 자기도 알고 있다는 듯 웃음을 지으며 찬열이가 응수했다.

"주인공 청년은 사람을 죽이면서도 뭔 말이 그리 많은지…… 변명 같다는 생각이 들었어요. 자기가 받은 상처를 희한하게 포장하려는 것 같기도 했고요."

도스토옙스키는 찬열이의 말에 예의 그 사람 좋은 웃음을 지으며 입을 뗐다.

"라스콜니코프가 가진 사상은 이른바 '초인 사상'이야. 인류는 평범한 사람과 비범한 사람으로 구분되며, 비범한 사람에게는 살인을 포함한 모든 것이 허용된다는 생각이지. 법과 도덕을 초월하는 한두 명의 초인이 다수의 행복을 위해 살인을 하면 보통 사람들은 손에 피 한 방울 안 묻히고 행복해질 수 있다는 논리였어. 하지만 살인 후 그는 전혀 예상치도 못했던 고독과 부자유에 시달려. 그리고 우연히 알게 된 창녀 소냐에게 범죄 사실을 고백하지. 이 자존감 강한 청년이 매춘부 소냐에게 말이야."

"맞아요, 소냐에게."

예빈이가 말을 받아 이어 갔다.

"정말 소냐를 보면서 울기도 했다가 화가 나기도 했다가 그랬어요. 너무 바보 같은 여자라는 생각도 들었고요. 지독한 가난, 마차에

치어 죽은 주정꾼 아버지, 뼈만 앙상하게 남은 어린 동생들, 악에 받쳐 끊임없이 각혈을 해 대는 폐병쟁이 계모, 그 가족에 대한 책임 때문에 들어선 매춘의 길. 왜 소냐는 이 모든 걸 감당해야 했나요? 그녀에게 무슨 힘이 있다고."

"소냐야말로 촛불 같은 사람이지 않을까요? 자기를 태우며 타인을 밝히는……. 온몸을 태워 가며 빛을 밝히는 촛불처럼, 자신을 태워 희생으로 타인에게 빛을 주는 인물 말이에요."

찬열이 아빠가 예민해진 예빈이의 눈치를 보며 말했다.

"말이 좋아 촛불이지 당사자는 얼마나 괴로웠을까요? 너무 잔인한 거 아닌가요?"

예빈이가 목소리를 높였다.

"그래, 예빈이 말이 맞다. 어찌 보면 잔인해 보일 수도 있어. 하지만 우린 누구나 자신의 운명을 살아가지. 물론 그 운명을 선택하기도 하고. 결국 삶을 어떻게 받아들이고, 어떻게 자신을 겸손하게 봉헌해 가면서 사느냐의 문제겠지. 여기 집회에 참여한 모두가 손에 들고 있는 촛불처럼, 소냐의 삶은 어두운 현실에 길을 밝혀 주는 등불이고, 추운 겨울 모두를 하나로 모을 수 있는 화롯불 같은 역할을 한다고 하면 말이 될까? 등불은 어둠에 앞장서 길을 밝히고, 사람들은 그 빛을 따르게 되지. 똑똑한 라스콜니코프가 아무런 거부 없이 소냐를 따르는 건 그런 이치야."

"맞아요. 소냐는 미천하지만 모두 소냐를 사랑했어요."

찬열이도 공감했다.

"그래, 소냐는 그들에게 촛불이고 등불이었으니까. 노파를 살해한 혐의로 시베리아 감옥에 간 라스콜니코프의 유형 생활을 뒷바라지하러 온 소냐는 그곳 죄수들에게도 정신적 어머니이자 또 다른 그리스도의 모습으로 인식되지. 결국 온갖 논리로 무장했던 라스콜니코프도 소냐가 짊어지는 수난의 의미를 받아들이잖아. 이것이야말로 똑똑한 말로 자기주장을 펼쳐 가며 홀로 떨어져 살던 모습에서 내려와, 허물과 죄투성이지만 그래도 그리스도를 사랑하는 민초들 속으로 녹아 들어가는, 이른바 영혼의 재탄생이라 할 수 있지 않을까?"

"네, 라스콜니코프 같은 사람한테 차갑고 논리적인 누군가가 설득하려 했다면 과연 그가 수긍했을까요? 아마 더 반발했겠죠."

예빈이의 목소리는 확신에 차 있었다.

"그래, 바로 그거야. 사람을 변화시키는 힘이란 건 말이지. 소냐처럼 고통을 끌어안으면서도 삶을 눈부시게 아름답게 보는 인물이 또 있어. 이 세상 사람 같지 않은."

도스토옙스키는 찬열이와 예빈이에게 눈길을 돌리며 대답을 기다렸다.

"모르겠어요. 누구예요?"

"《백치》의 믜시킨."

"너무 길어서《백치》는 안 읽었어요."

예빈이는 살짝 얼굴을 붉혔다.

"믜시킨 공작도 내 예술적 자화상인 측면이 있어. 음침하고 적적했던 어린 시절, 공상으로 가득 찼던 청년기, 가혹한 신경증, 간질 발작, 일상의 삶과는 동떨어져 스위스 요양소에서 4년간 치료받은 이력 등 일반인과 살짝 다른 그는 19세기 러시아가 직면한 의식의 위기, 즉 어둠의 세계 안으로 편입돼. 그런 면모를 지닌 그가 탐욕, 교만, 증오, 육욕으로 점철된 일반 세계에 적응할 수는 없었겠지. 이웃을 위해 자기 영혼을 바치고, 이기심도 위엄도 없이 지나치게 겸손한 그 남자를 사람들은 '성자-바보'라고 비웃었으니까. 그래서 내가 진짜 표현하고 싶었던 '절대적으로 아름다운 인간'은《백치》에서 완전하게 구현될 수 없었어. 그는 어떤 의미에서 또 다른 그리스도였던 거지. 하지만 세상은 그런 그리스도를 받아들일 수 없었고, 결국 그는 비극을 맞았어."

한숨을 깊게 내쉰 도스토옙스키는 수염을 쓰다듬더니 말을 이어갔다.

"말이 쉬워 촛불 같은 삶이지, 문학적으로 이런 인물을 만들어 내긴 쉽지 않아. 그래도 난 끝을 헤아리기 힘든 이 과제를 포기하지 않았어.《미성년》의 순례자인 마카르 돌고루키,《악령》에 등장하는 티

온몸을 태우며
빛을 밝히는
촛불처럼

6

혼 주교, 《카라마조프가의 형제들》의 조시마 장로와 알료샤 같은 인물은 '미(美)를 구현하는 기적'을 이루고 싶었던 내 노력에서 탄생했단다."

"문학적으로 아름다운 정신을 가진 인물을 그리는 건 멋지고 그럴싸해 보일지 몰라도, 그렇게 촛불 같은 삶을 산다는 건 제겐 너무 어려워요. 가혹한 희생이 따르는 것 같아서 솔직히 던져 버리고 싶어요. 즐겁고 행복한 삶을 사는 건 인간의 권리 아닌가요?"

도스토옙스키의 말을 가만히 듣고 있던 예빈이가 울먹였다.

"난 촛불 같은 삶을 사는 사람이 어둡고, 슬프고, 삶의 무게에 짓눌려 있는 사람이라고 말한 적이 없단다. 오히려 그 반대지. 삶은 매 순간 행복이 될 수 있어야 해."

그는 입가에 미소를 띠며 계속 말을 이어 갔다.

"우린 종종 잊고 살지. 삶은 그 자체로 은총이라는 걸. 난 그걸 일깨워 주고 싶었단다. 그래서 자신과 타인을 기쁘게 하는 삶을 살아야 한다는 인생 모토를 작품 속에서 가장 아름다운 마음씨를 가진 인물들한테 부여한 거야. 《백치》의 므이시킨 공작이 말했던 위대한 삶의 은총은 《악령》의 티혼 주교, 《미성년》의 마카르 돌고루키로 계속 확장되었어. 특히 마카르는 러시아 전역을 구석구석 누비는 민중 순례자인데, 하느님의 교회를 위해 헌금을 모으는 순례 여행에서 경이롭고 감동적인 경험을 무수히 해. 난 마카르를 통해 우리를 둘러싼 자연에 천국의 아름다움이 숨어 있다는 걸 표현하고 싶었어."

찬열이가 알 듯 모를 듯한 표정으로 그의 이야기에 귀를 기울였다.

"그뿐만이 아니야. 내가 사랑하는 소설의 인물들, 그 아름다운 사람들이 지니는 공통적인 특징이 바로 쾌활한 마음이란다. 진지하고, 무겁고, 어두침침한 모습이 아니고. 하느님 안에서의 삶은 기쁨이자 따뜻함이 되어야 해. 그래서 난 같은 사제 직분을 수행하는 사람도, 엄격함에 갇혀 힘든 금욕적 고행을 수행하는 성직자와 삶을 기쁨으로 받아들이는 겸손한 성직자를 구분해서 대비시켰지. 대표적인 것이 삶을 고행으로 보는 페라폰트 장로와 항상 웃음과 미소와 기쁨 속에 살아가는 조시마 장로야."

"저…… 죄송합니다만, 카페가 문을 닫을 시간입니다."

불쑥 카페 주인이 끼어들었다. 네 사람은 시계를 보고는 깜짝 놀랐다. 벌써 밤 10시가 다 되어 가고 있었다. 도스토옙스키가 해 주는 이야기에 빠져 시간 가는 줄도 몰랐던 것이다. 네 사람은 카페를 나왔다. 밖은 여전히 추웠지만 마음에는 온기가 흘렀다.

"선생님, 오늘은 어디로 가시나요?"

"글쎄요, 딱히 정한 곳은 없습니다."

"그럼 우리 집으로 가시면 어때요? 찬열이 엄마가 회사 일로 출장 중이라 따로 물어볼 필요도 없는데."

찬열이 아빠가 기대에 찬 눈빛으로 말했다.

"음, 그래도 괜찮을까요?"

"물론이죠. 와 신난다!"

찬열이는 뛸 듯이 기뻤다. 대작가님이 우리 집에 온다니, 아마 지민이가 알면 까무러칠 거다.

"예빈이 누나도 같이 가면 안 돼요?"

찬열이는 어떡할까 망설이는 예빈이의 표정을 보고 냉큼 말했다. 예빈이가 쭈뼛거리며 조심스럽게 입을 열었다.

"사실은 오늘 이 근처에 사는 친구 자취 집에 가기로 했는데, 선생님과 이렇게 헤어지기가 아쉽기도 하고, 들려주시는 이야기를 더 듣고 싶기도 하고……."

"그랬구나. 그럼 우리 집에 같이 가자. 찬열이랑 내가 거실에서 자면 돼."

찬열이 아빠가 예빈이의 어깨를 토닥였다. 예빈이는 친구와 통화를 하고 오더니 같이 갈 수 있다며 활짝 웃었다.

"그럼 출발할까요!"

찬열이가 앞장서서 걸으며 큰 소리로 말했다.

[11] 김예슬, 《촛불혁명》, 느린걸음, 2017, 179쪽 참조.

[12] 《백치》의 1부 5장에서 믜시킨 공작은 이 순간의 정신적 변화를 다음과 같이 전한다.
"그 순간 그가 무엇보다도 참을 수 없었던 것은 끊임없이 떠오르는 이런 생각이었답니다.
'만일 내가 죽지 않는다면 어떨까, 만일 생명을 되찾게 된다면 어떨까, 그것은 얼마나 무한
한 것이 될까, 그리고 그 무한한 시간이 완전히 내 것이 된다면, 그렇게 된다면 나는 1분의
1초를 100년으로 연장시켜 어느 하나도 잃어버리지 않을 것이다. 그리고 그 1분의 1초를 정
확하게 계산해서 한순간도 헛되이 낭비하지 않을 것이다'라고 다짐했다는 겁니다."
도스토옙스키, 《백치(상)》, 박형규 옮김, 범우사, 1992, 97~99쪽 참조.

[13] 사형 체험이 있었던 바로 그날, 도스토옙스키가 형 미하일에게 쓴 편지의 일부분이다.
콘스탄틴 모출스키, 《도스토예프스키》, 김현택 옮김, 책세상, 2000, 197~198쪽 참조.

[14] 콘스탄틴 모출스키, 《도스토예프스키》, 김현택 옮김, 책세상, 2000, 207쪽 참조.

온몸을 태우며
빛을 밝히는
촛불처럼

6

7

고통과
십자가도
은총이다

찬열이네 집에 도착한 네 사람은 찬열이 아빠가 챙겨 준 편한 옷으로 갈아입고 식탁에 둘러앉았다. 밖에 오래 있다 보니 출출하기도 해서 라면을 끓여 먹기로 했다.

"우리 집에서 라면은 제가 제일 잘 끓여요."

찬열이가 끓는 물에 라면을 넣으며 자랑스럽게 말했다.

"인정!"

아빠가 웃으며 엄지손가락을 치켜세웠다.

"책장에 제 책이 몇 권 있군요. 뜻밖의 기쁨입니다."

도스토옙스키가 빙그레 미소를 지었다.

"사실 《카라마조프가의 형제들》은 너무 오래전에 읽어서 기억이 가물가물해요. 그래서 말인데, 아까 말씀하신 조시마 장로는 어떤 사람인가요? 그저 삶을 기쁘게 살라고만 한다면 약간 이단 같은 느낌도 드는데요."

찬열이 아빠는 대답을 재촉하며 도스토옙스키를 쳐다보았다.

"조시마 장로는 인간의 영혼이 신(神)을 향해 올라가고 있다고 설파하는 인물이에요. 이 영적인 '사다리'의 한 단 한 단이 고통, 겸손, 모든 것에 대한 책임, 사랑, 부드러움, 기쁨이고 그것의 최정점이 황홀경이라고 했죠. 그는 항상 이야기했어요. '대지에 입 맞추고 모든 사람, 모든 것을 끊임없이 무한히 사랑하라. 그리고 환희와 황홀경을 추구하라. 기쁨의 눈물로 대지를 적시고 그대의 눈물을 사랑하라'고요."

"황홀경을 추구하라는 건 무슨 뜻인가요?"

찬열이 아빠가 되물었다.

"황홀경을 부끄럽게 생각하지 말고 귀하게 여기란 의미입니다. 선택받은 사람에게만 주어지는 신의 위대한 선물이니까요. 난 조시마 장로의 감동적인 이미지를 통해 황홀한 세계 감각을 구현하고 싶었어요."

"황홀한 세계 감각이요? 그런 건 언제 느낄 수 있죠?"

"찬열이 아빠는 삶을 찬란한 기쁨으로 느껴 본 순간이 없으세요? 내가 이 눈부신 빛 속에 살아 있다는 것이 너무나 감사하고 황홀한 순간이요."

"음, 글쎄요. 막연하게나마……."

"제가 작품을 통해 진짜 말하고 싶었던 것은, 그런 찬란한 순간순간이 영원히 계속되는 게 우리 삶의 바탕이어야 한다는 거예요."

"삶의 '순간' 속에서 자아를 발견해 이것을 영원히 귀착시키고자

하는 건 예술가들의 염원 아닌가요?"

찬열이 아빠도 한마디 덧붙였다.

"그렇지요. 하지만 예술가들만의 특권은 아닙니다. 보통 사람들도 자신이 존재하는 각각의 순간들을 새롭게 볼 수 있는 눈, 지금 이 순간을 강렬하게 살아서 유한한 육체를 무한의 세계 속에서 살도록 하는 의식적 노력이 필요하다는 겁니다. 우리는 모두 각자의 삶을 아름답고 찬란한 그 무엇으로 창조해 나갈 의무가 있어요. 창조주에게서 받은 권리이기도 하고요. 우린 그냥 어린아이처럼 기쁘고 감사하게 살아가면 됩니다."

"정말로 그렇게만 살 수 있다면 얼마나 좋을까요?"

찬열이 아빠가 응수했다.

"황홀경은 삶을 찬란한 기쁨으로 느끼는 사람에게도 나타나지만, 간질 환자들이 받은 선물이기도 합니다. 이건 내 체험이기도 하지요."

도스토옙스키는 회한에 젖은 눈빛으로 말을 이어 나갔다.

"《백치》의 믜시킨은 십자가는 결국 은총이란 걸 몸소 보여 주는 인물이에요. 난 그를 통해 절망 속에서 희망을, 고통 속에서 은총을 말하고 싶었습니다. 지금 돌이켜 봐도 내 삶은 매 순간 은총이었어요. 내가 항상 무엇을 잘했다거나, 은혜받을 만한 행동을 했다는 건 아니에요. 대표적인 게 간질이었죠."

"간질이요? 갑자기 쓰러져서 입에 거품을 물고 사지를 떠는 그 병이요?"

라면을 끓이던 찬열이는 간질 환자처럼 몸을 부르르 떨며 그를 쳐다보았다.

"그렇단다. 보통 간질은 하늘이 내린 천벌이라고 하지. 자기 옆에서 발작하거나 쓰러지는 사람을 보면 놀라서 도망가는 것이 대부분이야. 그런데 난 거의 평생을 간질로 고통받았단다. 회복하는 데 시간도 더디 걸리고 주기적으로 반복되기도 했지."

도스토옙스키는 그 고통이 느껴지는 듯 미간을 찌푸렸다.

"아저씬 언제부터 그러셨어요?"

걱정스러운 얼굴로 예빈이가 물었다.

"내가 맨 처음 간질 발작을 일으킨 건 시베리아 감옥에서였어. 하지만 유형 선고를 받기 전부터 이미 환자였지. 내 증세를 지켜봤던 아내 말로는 얼굴 경련, 구강 거품, 거친 숨소리 이후에 의식 상실과 울부짖는 증상이 동반된다고 했어. 이런 발작이 15분 정도 지속되고 나면, 온몸에 힘이 쭉 빠지는 무기력증이 나타났단다. 난 오랫동안 앓았어. 감옥에서는 단지 병세가 악화되었을 뿐이고."

"정말 많이 힘드셨겠어요."

예빈이가 안타까운 표정으로 공감을 표했다.

"나처럼 육체적 고통에 사로잡혔던 사람이 쓴 글에서 어떤 절박함이 표출되는 건 당연하지 않을까? 내 작품 속 인물들은 간질 징후를 보이기도 하고, 실제 발작을 일으키기도 하고, 예민한 병적 기운을 드러내는 경우가 많아. 책을 읽어 본 사람은 눈치챘겠지만,《지하 생활자의 수기》의 주인공인 마흔 살 퇴직 관리를 비롯해서《도박꾼》의 알렉세이,《죄와 벌》의 라스콜니코프와 스비드리가일로프,《백치》의 믜시킨,《악령》의 키릴로프,《카라마조프가의 형제들》의 사생아 스메르자코프가 그래. 이들은 제각기 개성은 다르지만 신과 악마, 이상과 충동, 고귀한 품성과 저열한 품성 같은 이중적인 사고나 행동 사이에서 여러 내외적 갈등을 격렬하게 일으키고 있지. 나는 이들에게 내가 겪은 심리적, 신체적 징후들을 곳곳에 심어 놓았어."

"아니, 너무들 진지하신 거 아니에요? 찬열이표 라면 좀 드셔 보세요."

세 사람은 잠시 대화를 멈추었다. 그러고는 배가 고팠는지 라면 네 개를 뚝딱 해치웠다.

"찬열아, 정말 맛있었어. 최고야!"

예빈이가 더 먹고 싶다는 듯 입맛을 다시며 말했다.

"찬열이 덕분에 라면이란 걸 처음 먹어 봤는데 내 입맛에도 딱 좋구나."

"헤헤. 제가 한 라면 하죠."

도스토옙스키의 칭찬에 찬열이는 어깨를 으쓱했다.

"우리는 지금 라면의 은총을 받은 거로군요."

찬열이 아빠가 껄껄 웃으며 말했다. 그러더니 아까 나누던 이야기가 떠올랐는지 말을 계속 이어 갔다.

"아까 선생님 말씀대로라면 간질 환자들도 은총을 받았다는 말인가요?"

찬열이 아빠는 의구심을 드러냈다.

"그래요. 내가 말하고 싶은 건, 내게 간질이 끔찍한 고통이었던 것만은 아니라는 사실입니다. 어떤 때는 신경발작이 엄습하는 순간을 오히려 글을 쓰기 위한 수단으로 이용하기도 했으니까요. 실제로 그런 상태에서 더 예민한 감수성으로, 더 많은 글을 훌륭하게 쓸 때가 많았거든요. 영감이 방출되는 순간이랄까요. 더 나아가 일시적으로 의식을 육체에서 떠나게 하는 상태를 가져다주기도 했어요. 그 속에서 일종의 황홀경을 경험했지요."

"그럼 간질 발작 전에 겪게 되는 참을 수 없는 환희의 순간이 종교적 신비 체험의 원천이란 말인가요?"

눈이 휘둥그레진 찬열이 아빠가 물었다.

"그렇다고도 할 수 있죠. 육체로부터 의식이 해탈하는……. 특히 소설 《백치》는 이런 경험이 생생하게 투영된 작품입니다. 아시다시피 주인공 므이시킨은 이웃에게 자신을 내어놓는 참으로 선한 사람이죠. 나는 가장 사랑스러운 주인공에게 입에 거품을 물고 몸을 뒤틀며 경련을 일으키는 나 자신의 가장 부끄러우면서도 내밀한 특성을 부여했어요. 믜시킨은 이 '참을 수 없는 은총의 순간'은 인생 전체와 맞바꿀 가치가 있다고 말하기도 하죠.[15] 사실 이건 내가 하고 싶었던 말입니다."

"집에 가서 말씀하신 이 부분을 꼭꼭 곱씹어 읽어 봐야겠어요."

예빈이는 다시 진지한 표정이었다.

"난 믜시킨 공작에게 이런 '순간'의 체험으로 지상에 천국이 펼쳐진 듯한 상태를 맛보도록 했어. 그게 실제 내 경험이었으니까. 이런 황홀경을 맛본 자에게 지상에서 속된 인간들끼리 으르렁거리면서 생기는 죄와 악은 큰 의미가 없어. 그래서 타인의 허물과 잘못을 덮어두고 무조건 용서하는 믜시킨 같은 인물이 세속적 차원에서는 우스꽝스러운 바보로 조롱거리가 되었던 거란다. 하지만 형이상학적 차원에서 그는 참으로 지혜로운 인간이자 성스러운 인물로 격상되지. 간질은 현실 너머의 보이지 않는 세계와 소통하는 하나의 통로가 되었다는 점에서, 작가로서 내 세계관을 구축하는 데 결정적인 요소였어. 하지만 이게 단순히 내 문제로 국한된 게 아니라, 아들한테 유전으로 이어진 건 정말 받아들이기 어려웠단다."

"무슨 말씀이신지요?"

"내 병 때문에 나는 어린 자식을 하늘나라로 떠나보냈어요.[16] 나이 쉰이 넘어 얻은, 눈에 넣어도 아프지 않은 아이 알료샤가 이 못난 아비의 병을 물려받은 겁니다. 이후 난 너무 막막하고 슬퍼 아무것도 할 수 없었어요. 내 아들 얘기는 기회가 되면 다음에 하리다."

아련하게 눈물이 고인 도스토옙스키의 눈에는 잊을 수 없는 바로 그날의 기억이 드리워졌다.

왜였을까? 난 왜 그토록 알료샤를 귀여워했을까? 그 애가 오래 살 수 없을 거라는 걸 직감하고 있었던 걸까? 우리 알료샤가 재롱을 떨던 그 시기는 내 생애 최고의 날들이라고 해도 과언이 아니었지. 막내 알료샤를 비롯한 아이들과 내 사랑하는 아내, 거실에서 왈츠를 추며 즐거워했던 우리 가족들의 모습. 평생을 돈에 쪼들렸던 내가 모처럼 가져 보는 인생의 안정감. 가정의 행복이란 이런 게 아닐까 싶었지. 그런데 말이야 운명의 신은 가혹했지. 난 그 아이 알료샤를 가슴에 묻어야 했던 거야. 바로 1878년 5월 16일에.

그날 난 의사를 집으로 모셔 왔지. 그리고 의사가 알료샤를 쉽게 진찰할 수 있도록 아이 쪽으로 당겨 놓은 소파 옆에 무릎을 꿇고 앉았어. 의사는 알료샤에게 이미 단말마의 고통이 시작되었다는 것을 나직이 말해 주었지. 아내는 의사가 나에게 무슨 말을 했는지 물어 보는 표정이었지만, 나는 아무 얘기도 꺼내지 말라고 손짓했어. 그리고 갑자기 아이의 숨이 멎고 죽음이 찾아왔을 때, 그 절망이란……

고통과
삽질같은
은총이다

7

난 아이에게 입맞춤하고 세 차례 성호를 그은 다음, 흐느껴 울기 시작했어. 아내도 울음을 터뜨렸지.

그렇게 난 또다시 벼랑 끝에 서게 되었어.[17]

[15] 《백치》에서 므시킨 공작은 도스토옙스키를 대신해 이렇게 대답한다.
"이것이 질병인들 어떻습니까? 만약 실제적인 결과 후에 건강한 상태에서 기억되고 관찰되는 감각의 순간이 고도의 조화요, 아름다움이며, 완전함, 균형, 화해, 삶의 지고한 통합과의 황홀하고 신앙심 깊은 융합과 같은 감정을 부여한다면, 이것이 비정상적인 긴장이라 한들 무슨 상관이겠습니까? 이 순간은 그 자체로 인생 전체와 맞먹는 값어치가 있습니다."

[16] 도스토옙스키는 《카라마조프가의 형제들》의 막내아들에게 자신의 죽은 아들인 '알료샤'라는 이름을 부여한다. 그 이름과 함께 아들에 대한 아버지의 사랑, 아들이 미처 펼치지 못한 미래의 꿈을 투사한다.
콘스탄틴 모출스키, 《도스토예프스키》, 김현택 옮김, 책세상, 2000, 853쪽 참조.

[17] 박영은, 《도스토예프스키》, 살림출판사, 2009, 68쪽 참조.

8

기쁨의
의미

도스토옙스키는 눈에 눈물이 가득한 채 말이 없었다. 한동안 찬열이네 집에 정적이 흘렀다. 예빈이는 조용히 흐르는 눈물을 닦고 있었다. 찬열이와 아빠도 아무 말도 할 수 없었다. 찬열이 아빠는 자식을 잃은 슬픔을 감히 상상할 수 없어서 마음이 숙연해졌다.

"정말 선생님의 인생은 보통 사람이 경험하기 힘든 비극으로 점철되어 있네요. 선생님이 문학을 통해 인간의 극한적인 고뇌를 다루는 이유는, 실제 그와 같은 처절한 상황에 휘말리고 병에 시달렸기 때문이라는 생각이 듭니다."

찬열이 아빠가 겨우 입을 뗐다. 그리고 더 떠오르는 것이 있다는 듯 말을 이어 갔다.

"어떤 평론가의 말처럼 만약 선생님이 정신적으로 건강한 아버지의 피를 이어받아 단란한 가정에서, 건강한 몸으로, 하루하루를 즐겁게 살았다면 아마도 비극적인 작품은 쓰지 않으셨겠지요?"

"글쎄요, 모든 게 운명이지요. 하지만 중요한 건 그 운명을 어떻게 받아들이고, 어떻게 다시 만들어 가는가 하는 거겠죠."

"운명이라고요?"

옆에서 가만히 듣고 있던 예빈이가 갑자기 심각한 얼굴로 말했다.

"그래도 너무 힘들어요. 이런 고통을 받는 건……. 저는 그런 운명을 받아들이고 싶지 않아요. 전 간질병은 아니지만, 평생을 안고 살아야 할 가슴 병에 시달리고 있어요. 이해 못 하시겠지만…… 왜 고등학교 2학년 아이들이 가장 행복하게 보낼 그 시간이, 저에게는 인생의 가장 큰 멍에와 슬픔이 되어야 했을까요? 너무 원망스러워요. 왜 하필이면 그 많은 학교 중 우리 학교였을까? 왜 하필 내 친구들이어야 하냐고요!"

예빈이는 눈물을 그렁그렁하며 항변했다.

"그래 예빈아, 얼마나 힘드니. 내가 우리 예빈이에게 작은 위로가 되면 좋으련만. 힘들면 숨죽이지 말고 소리 내어 실컷 울렴. 물론 지금은 잘 이해되지 않겠지만, 예빈이의 아픔은 훗날 더 많은 사람들의 아픔을 품어 안아 주는 큰 은총의 그릇이 될 게다. 난 지금 예빈이에게 힘내라고 말하고 싶지 않아. 그냥 예빈이 하고 싶은 대로 하렴."

도스토옙스키는 젖은 눈으로 먹먹해진 가슴을 쓸어내렸다.

"우리가 예빈이에게 도움이 될 수 있으면 좋겠는데……."

옆에서 지켜보던 찬열이 아빠도 애처로운 눈빛이었다.

"예빈이가 지금 그걸 받아들이는 데는 한계가 있지. 다만 난 이 말만 하고 싶구나. 살아남은 자의 슬픔, 그리고 그 고통을 통해 성장하고 죽음을 승화시켜야 하는 살아남은 자의 책무를 말이다. 우리는 모두 누군가의 죽음에 영향을 받지. 그 가운데 일부는 삶의 가치관을 완전히 바꾸기도 하고, 죽음의 의미를 승화시키고 살아남은 자의 책무를 다하기 위해 자기 인생을 던지기도 하지.”

“그런 사람이 있어요?”

찬열이는 토끼 눈이 되었다.

“《카라마조프가의 형제들》에 등장하는 조시마 장로.”

“조시마 장로요?”

도스토옙스키의 애틋한 말투에 찬열이가 귀를 쫑긋하며 되물었다.

“그래. 조시마 장로 역시 아무런 슬픔 없이 삶을 매 순간 환희로 받아들이고 평탄하게 수도자의 길로 들어선 건 아니란다. 그는 삶의 환희와 가치를 알려 주고 하늘로 떠난 형 마르켈의 마음을 평생 간직하려고 노력했지. 자기를 대신해 살아 달라는 형의 유언이 그를 매 순간 기쁨으로 충만한 성직자로 만든 셈이지. 예빈이와 찬열이가 봤는지 모르겠지만, 난 《카라마조프가의 형제들》에 〈요한복음〉 12장 24절, ‘정말 잘 들어 두어라. 밀알 하나가 땅에 떨어져 죽지 않으면 한 알 그대로 남아 있고, 죽으면 많은 열매를 맺는다’는 구절을 넣었단다. 이 문구를 왜 썼을까?”

도스토옙스키는 수수께끼를 내는 듯한 표정으로 찬열이와 예빈이를 향해 집게손가락을 치켜세웠다.

"글쎄요…… 중요하니까요?"

훌쩍이던 예빈이가 눈물을 훔치며 반문했다.

"그래, 바로 그거야. 난 내 책을 읽는 독자들에게 이 말을 꼭 하고 싶었어. 이해하겠니?"

포근한 눈으로 도스토옙스키가 예빈이를 바라보았다.

"당시 내가 조시마 장로의 모습을 형상화했을 때 논란이 없었던 건 아니란다. 일부 교단 지도자들은 이단으로 치부하기도 했지."

"왜요?"

궁금해진 찬열이가 고개를 들었다.

"한마디로, 조시마 장로는 교회 내에서도 기쁨과 환희의 가르침을 생생하게 체현하는 인물이었거든. 제도권의 규율을 열심히 지키고 철저히 금욕을 수행하던 다른 수도자와 달리, 금욕 수행을 하지 않고 마귀의 위협과 죄의 공포심을 강조하지도 않았거든."

"'예수 천국, 불신 지옥' 뭐 이런 걸 강조하는 거요?"

예빈이가 한마디 거들었다.

"그래. 믿지 않으면 지옥으로 떨어진다, 이 규율을 지키지 않으면 악마에게 영혼이 팔리는 거다, 이런 것 말이지."

도스토옙스키는 만면에 웃음을 지었다.

"그럼 그분은 뭘 하라고 하셨나요?"

"조시마 장로는 그저 지상에 존재하는 것들을 사랑하라고 했지. 그저 사랑하라, 기뻐하라, 감사하라. 그는 다른 수도사와 다른 면이 많았어. 고독 속에서 외따로 암자를 지어 침묵 수행을 하는 일반 수도자와 달리, 그의 암자는 화려한 꽃으로 둘러싸여 있었지. 이건 내가 그렇게 설정했어. 사실 내가 그렇게 하고 싶었거든. 게다가 늘 미소 짓고 있어서 쪼글쪼글해진 얼굴에 웃음이 떠나질 않았고."

"논란이 될 걸 예상하면서 왜 그러셨어요?"

찬열이 아빠가 의아한 눈빛으로 물었다.

"바로 그 얘기를 하려 합니다. 항상 기쁘게 살아가던 조시마 장로가 또 다른 논란의 중심에 서게 된 건 죽은 이후였어요. 그분의 임종이 가까워졌을 때, 마을 전체와 교단은 뭔가 눈에 보이는 기적의 징표를 기다리고 있었거든요."

"왜요? 무슨 기적이요?"

궁금해진 찬열이가 도스토옙스키 아저씨에게 바짝 다가앉았다.

"원래 고매한 성직자가 선종[18]할 때는 어떤 기적이 나타난다고 알려져 있었거든. 오래전부터 조시마 장로가 속한 수도원에서는 세상을 떠난 수도사 중에서 시신에서 썩은 냄새가 나지 않는 사람들이 있었다는 말이 전해 왔지. 그 기록이 수도원 내에 잘 보존되어 있어서 수도사들에게 감동적이고 신비한 영향을 주는 기적으로 칭송되었단다. 신의 뜻에 따라 장차 더욱 위대한 영광이 그 무덤에서 나타날 때가 올 거라는 약속으로 생각한 거야. 단식과 침묵을 엄격하게 지킨 고행자는 관 속에 눕혔을 때 마치 살아 있는 사람 같았고, 장례 때에도 부패한 흔적이 없었을뿐더러 얼굴에 환한 빛까지 감돌고, 심지어 시체에서 향기가 풍겼다고도 했지."

"그런데요? 조시마 장로는 뭐가 문제가 되었나요?"

"조시마 장로는 많은 사람의 사랑을 받았던 분이니까, 선종할 때는 더 많은 기적이 일어날 거라는 믿음이 있지 않았겠니? 그런데 말이다, 온 마을 사람들이 흥분에 들떠 어떤 기적을 기다리고 있던 것과 다르게 어처구니없는 일들이 벌어졌거든. 시신에서 장미 향기가 풍겼다는 다른 수도사들과 달리, 조시마의 시신은 선종하자마자 바로 부패하기 시작했어. 썩는 냄새가 아주 진동을 했지."

"헐, 왜 그렇게 묘사하셨어요?"

"그를 사랑하던 사람들이 충격을 받을 만도 하네요."

찬열이도 예빈이도 도대체 도스토옙스키를 이해할 수 없다는 표정으로 쳐다보았다.

"너희도 이렇게 못마땅한데, 그를 추종해서 수도사의 길로 들어선 알료샤의 심정은 어땠겠니?"

"너무 혼란스러웠을 것 같아요. 요즘 말로 멘붕이었겠죠. '내가 지금 보고 있는 게 뭐지? 왜 상황이 이렇게 돌아가지?' 이러지 않았을까요?"

찬열이 아빠도 머쓱한 웃음을 지으며 한마디 거들었다.

"그래요. 일반인들도 장례를 치르기 전까지는 그 정도로 급속히 시신이 부패되지 않는데, 심지어 평생을 수도사로 살아온 사람이 기적을 보여 주기는커녕 일반인보다도 못한 징표를 보인 셈이니 조시마는 치명적인 불명예를 안았죠. 그것이 조시마가 올바르지 못한 삶을 살았다는 증거로 치부되고, 결국 그를 비난하는 분위기를 만들었으니까요. 한마디로 조시마 장로는 죽음 이후에 '악취'로 대변되는 가장 비천한 상태가 되었어요."

"무엇보다 제자 알료샤가 가장 힘들었겠군요."

"그럴 수밖에 없었죠. 특히 조시마를 아버지처럼 생각하며 종교에 입문했던 그에게 이건 불명예와 수치, 그 자체였으니까요. 향기를 풍기지는 못할망정 코를 찌르듯 썩어 가는 시신의 악취는 '종교의 본질은 과연 뭘까'를 의심하는 심각한 위기를 가져오죠. 스승이 사후에 조롱거리가 되어 버리자 하늘이 무너져 내린 심정 아니었을까요?"

"그래도 뭔가 반전이 있지 않나요? 소설이 여기서 끝날 수는 없잖아요."

찬열이 아빠가 호기심에 가득 차 되물었다.

"너무나 고통스러워하며 방황하던 알료샤에게 반전은 오죠. 그게 내가 말하고 싶었던 것이기도 하고요. 알료샤는 스승의 시신이 놓인 방구석에 앉아 속으로 흐느껴 울다가 한 신부가 성서를 읽는 소리를 들으며 잠깐 잠이 듭니다. 일종의 가수면(假睡眠) 상태에 빠지죠. 여기서 그는 성서에 나오는 갈릴리 가나의 혼인 잔치와 그 기적에 대한 꿈을 꿉니다. 이 꿈을 통해 조시마 장로가 평생을 강조했던 '기쁨'의 의미를 깨닫게 되죠."

"그 꿈 내용이 뭐예요?"

예빈이가 눈을 동그랗게 떴다.

"잔치 도중에 포도주가 다 떨어지자 어머니 마리아가 예수에게 포도주가 다 떨어졌다는 것을 알리는 내용이야. 비몽사몽 상태에서 이 구절을 들은 알료샤는 예수가 어머니의 청을 받아들여 물을 포도주로 바꾸어 준 첫 번째 기적을 통해 예수가 인간에게 슬픔이 아니라 기쁨을 주었다는 사실, 즉 인간의 기쁨을 도와주었다는 사실을 불현듯 깨달아. 성서 속의 포도주가 바로 영원한 생명과 기쁨을 상징한다는 걸 간파한 거지. 알료샤의 꿈속에서 온화한 미소를 지으며 걸어 나오는 조시마는 그에게 아무것도 두려워하지 말라고 해. '그분은 우리를 사랑하는 마음에서 우리와 함께 즐거움을 나누고 계신다'면서. 가수면 상태에서 스승의 목소리를 듣고 난 후, 알료샤는 자신의 전 생애를 뒤흔드는 강렬한 느낌을 받게 되지. 가슴속에서 무언가 확 불타올라 찌르는 것 같은 느낌이 눈물이 되어 왈칵 쏟아져 나와. 이 체험은 마치 성령의 불세례처럼 영적인 거듭남의 순간에 대한 특별한 묘사라

할 수 있어. 그리고 이런 거듭남은 침체와 우울함에 빠져 있던 그를 강한 결단력을 가진 기쁨에 찬 인간으로 변화시켜."[19]

"아, 결국 조시마 장로의 시신이 썩는 냄새는 한 알의 밀알이 온전히 썩었다는 말이군요."

젊은 시절 자칭 문학청년이었던 찬열이 아빠는 문학적 은유를 연상하며 추론을 펼쳤다.

"허허, 간파하셨군요. 그뿐만 아니라 알료샤를 통해 '세상에 봉사하는 수도사'라는 새로운 유형의 기독교적 영성도 제시하고 싶었어요. 그는 수도원에서 금욕 수련 과정을 거치지만 수도원에 남지는 않습니다. 조시마는 알료샤에게 수도원 담장 밖으로 나가서 세상에서 수도사처럼 살라고 명령합니다. 세상 사람들에게 그리스도의 형상을 불러일으키는 사명을 부여하고 세상으로 내보낸 거죠. 나는 알료샤가 이 지상에 천국을 실현시키도록, 다시 말해 더 풍성한 열매를 맺게 하는 한 알의 '썩는' 밀알이 되는 사명을 부여한 겁니다. 이해하시겠어요?"

"그렇게 깊은 뜻이 있었네요. 지금은 알 듯 모를 듯하지만, 소설을 읽어 보면 이해가 될 것 같아요."

예빈이가 수긍했다.

"밀알 하나가 땅에 떨어져 죽으면 많은 열매를 맺듯이, 조시마 장로는 죽음을 통해 오히려 참으로 사는 신비를 그대로 드러냈군요. 이게 바로 작가님이 우리에게 하고 싶은 얘기였을 테고요."

찬열이 아빠가 도스토옙스키에게 동의를 구하듯 쳐다보았다.

"그래요. 난 조시마와 알료샤에게 많은 걸 담고 싶었어요, 허허. 포도가 자기 형체를 잃고 발효되어 깊은 포도주 맛을 내듯이, 조시마의 '썩음'을 통해서 알료샤라는 새 '열매'를 맺는 성서의 상징을 활용하고 싶기도 했고요."

도스토옙스키는 말을 더 하려다 잠시 멈칫했다.

"아, 그런데 벌써 자정이 가까워 왔네요. 다들 피곤할 텐데 이제 잠자리에 들어야겠어요."

"시간이 너무 빨리 가요."

"맞아요."

예빈이와 찬열이가 아쉬워했다.

"선생님도 피곤하실 텐데 어서 주무세요."

"그래요, 우리는 또 내일을 살아야 하니까요."

[18] 선종(善終) : 임종 때에 성사를 받아 큰 죄가 없는 상태에서 죽는 일.

[19] 박영은, 〈《카라마조프가의 형제들》에 나타난 도스토예프스키의 신비주의와 만유재신론〉, 한국슬라브학회, 〈슬라브학보〉 제20권 2호, 2005, 119~121쪽 참조.

9

따뜻한 봄에
다시 만나

중학교 3학년 새 학기가 시작되었다. 따뜻한 봄이 찾아왔고, 한국 사회에도 봄기운이 물씬했다. 잘못한 사람들이 감옥에 들어갔다. 아빠는 이제 시작이라고 했지만, 찬열이는 자기도 촛불 집회에 일조한 것 같아 뿌듯했다.

사실 찬열이는 손꼽아 봄을 기다려 왔다. 누군가와 한 약속 때문이었다. 따뜻한 봄날 광화문 광장에서 다시 만나자는 약속을 뒤로하고 도스토옙스키는 떠나갔다. 찬열이는 아저씨의 뒷모습을 오래도록 바라보며 손을 흔들었다. 그날 이후 찬열이와 아빠 사이에는 비밀이 생겼다. 아빠 책장에 꽂혀 있는 책의 작가가 우리 집에 왔었고, 심지어 같이 라면을 끓여 먹었다는 것. 엄마는 도스토옙스키 책을 꺼내 읽는 찬열이를 놀라운 눈빛으로 바라보았다.

"찬열아, 너 정말 그 책 읽고 있는 거야?"

큰맘 먹고 《카라마조프가의 형제들》을 집어 들은 찬열이는 책에 빠져들었다. 소설 속의 깊은 사상을 잘 이해하긴 힘들었지만 책을 들고 있는 내내 왠지 우쭐했다.

어느 날, 도스토옙스키 책을 다시 책장에 꽂아 놓다가 뒤쪽에 찌그러져 있는 아빠의 수첩을 발견했다. 다른 책을 꽂으면서 뒤쪽으로 밀려들어 간 것 같았다. 갑자기 호기심이 발동했다. 찬열이는 별 망설임 없이 수첩을 펼쳐 들었다. 아빠가 해 놓은 메모였다.

인간의 고통은 먼 훗날 돌이켜 보면 큰 영광으로 빛을 발한다고 했던가? 만일 이 분이 고통을 몸소 겪지 않았다면, 이 고통의 산증인이 아니었다면, 그의 작품 속 등장인물들의 목소리와 내면의 울림이 이처럼 생생한 메아리가 되어 되돌아올 수 있었을까? 만일 그가 편안한 환경에서 이상 세계를 염원하며 도덕적 가르침을 설파하는 단순한 성자였다면, 그의 작품 주인공들이 이렇게 팔딱팔딱 살아 숨 쉴 수 있었을까? 극심한 가난과 죄의 심연, 미칠 듯한 도박의 흥분 상태와 끓어오르는 욕망, 폐부를 찌르는 듯한 고통과 수치심, 사지가 뒤틀리는 간질의 고통, 사랑했던 자식의 죽음을 바로 옆에서 지켜봐야 했던 아픔…… 그는 이 모든 걸 온몸으로 느꼈고, 이 모든 게 나약한 인간의 모습이라는 걸 솔직히 인정했다. 그 때문에 가난한 자와 소외당하는 자, 정신질환을 앓는 자와 수치심에 괴로워하는 자, 격렬한 욕정과 욕망에 시달리는 모든 사람의 친구가 될 수 있었다. 한 사람의 천재이고 대작가이기 전에 모든 이에게 모든 것이 되어 준 분이시기에, 삶에 지친 우릴 보듬어 주는 마음 따뜻한 친구 같은 분으로 기억되는 건 아닐까.[20]

아마도 도스토옙스키 아저씨가 집에 왔다 간 후에 적은 것 같았다. 무슨 뜻인지 정확히는 모르겠지만 한때 문학청년이었던 아빠의 말을 이제는 믿게 되었다. 아빠도 찬열이도 예전처럼 회사와 학교를 왔다 갔다 하고 있지만, 두 사람은 분명히 전과는 달라졌다.

누구보다 가장 황당해하는 사람은 친구 지민이었다.

"빨리 중3 되면 좋겠다. 시간이 진짜 안 가."

"뭐래. 나는 개학 안 했으면 좋겠는데."

지민이는 중3이 되기를 손꼽아 기다리는 찬열이를 도무지 이해할 수가 없었다. 게다가 언젠가부터 듣도 보도 못한 러시아 작가 책을 끼고 다녔다. 두께도 굉장했다. 제목을 보니 그 집안에는 형제가 엄청나게 많은 모양이었다. 도대체 얼마나 재밌길래 그러나 싶어서 한 쪽 넘겨 봤다가 등장인물들 이름에 질려 바로 덮어 버렸다. 어찌나 길고 어렵던지. 그런 책을 재미있다고 하다니 알다가도 모를 일이었다.

그런데 찬열이에게는 비밀이 하나 더 있었다. 어느 날 엄마 아빠가 나누는 이야기를 우연히 듣게 되면서부터다.

"지민이 아빠가?"

"응. 그렇게 됐다네."

"회사가 어렵다더니…… 정리해고 말만 들었지 이럴 줄은 몰랐어."

"지민이 엄마도 많이 힘들 거야. 당신이 좀 챙겨 줘."

"그래야지. 지민이 아빠는 어때?"

"별 얘기는 안 해. 그게 더 짠해."

충격이었다. 찬열이는 자기가 엄마 아빠 이야기를 엿들었다는 사실을 들킬까 봐 아주 조용히 방으로 돌아왔다. 아직도 심장이 뛰었다. 새해 첫날에 지민이가 해 준 이야기가 이제야 다 이해가 되었다.

'그래서 지민이 아빠가 술을 많이 드셨구나…….'

찬열이는 갑자기 눈물이 났다. 지민이는 항상 말했었다. 아빠는 언제나 바쁘다고. 얼굴 볼 시간이 없다고. 그렇게 바쁘게 일만 하던 지민이 아빠인데 회사에서 잘리다니. 믿을 수가 없었다. 이걸 지민이에게 말해야 할지 말아야 할지 머릿속이 복잡했다.

'뭐 하냐.'

찬열이는 지민이에게 아무렇지 않은 척 문자를 보냈다.

'게임 중.'

'나도 지금 접속할게.'

'좋아. 무슨 내기할까?'

찬열이는 생각했다. 그래 일단은 지민이와 신나게 게임이나 한 판 하자. 찬열이는 지민이의 문자를 계속 내려다보았다. 액정에 눈물이 툭 떨어졌다.

[20] 박영은, 《도스토예프스키》, 살림출판사, 2009, 87~89쪽 참조.

10

메멘토 모리,
죽음을
기억하라

도스토옙스키와 마지막으로 만난 이후 석 달 정도가 지났다. 오늘은 2017년 4월 15일, 22차 촛불 집회가 있는 날이다. 세월호 참사 3주기 추모 집회이기도 했다. 찬열이는 지난 1월 아저씨와 작별 인사를 하던 날을 생생하게 기억하고 있었다. 어떻게 잊을 수 있을까?

'이번 집회에 오시겠다고 했는데 지난번처럼 정말 오실까?'

찬열이는 또다시 설레었다. 그간 찬열이와 아빠, 그리고 예빈이는 도스토옙스키의 소설을 읽으며 그가 들려준 이야기를 조금이라도 잘 이해하기 위해 노력했다. 찬열이 아빠도 마치 오래전 첫사랑 연인을 다시 만나는 것처럼 긴장되었다. 문학청년 시절의 아련한 기억이 새록새록 떠오르기도 했다. 예빈이는 그저 위로받고 싶었다. 나보다 더 큰 아픔을 갖고 살아온 사람이라면, 자신이 지금 느끼는 아픔을 다른 사람보다는 따뜻하게 만져 줄 것 같았다.

그간 한국에도 큰 변화가 있었다. 촛불 집회로 한국의 민주주의는 세계의 주목을 받았다. '놀랍다, 부럽다, 배우자'는 열광이 세계 곳곳에서 터져 나왔다. 2017년 3월 10일, 세계의 눈과 귀는 한국을 주목했고, 수많은 외신 취재진이 새벽부터 헌법재판소 앞으로 몰려 왔다. 영국 BBC는 정규 뉴스를 끊고 긴급 속보로 대통령 탄핵 소식을 전했다. 미국 CNN은 특파원을 연결해 생방송을 이어 갔다. 중국 관영 CCTV는 최대 정치 행사인 양회 생방송을 중단하면서까지 탄핵 심판 과정을 동시통역으로 생중계하며, 시민의 힘으로 대통령 탄핵이 압도적으로 가결되는 현장을 전했다. 많은 외신들이 한국의 수준 높은 민주주의에 경의에 가까운 찬사를 보냈다.[21]

세월호 참사 3주기를 하루 앞둔 오늘의 촛불 집회는 변함없이 광화문 광장을 중심으로 시작되었고, 희생자들을 추모하는 기억 문화제로 진행되었다. 세월호 참사에서 살아남은 생존자들이 추모 편지를 낭독하고, 유가족으로 구성된 4·16 가족협의회가 희생자들의 명복을 빌었다.

오전부터 와서 앞자리를 잡고 있던 찬열이와 아빠는 예빈이를 보고 반갑게 손을 흔들었다. 그리고 행사가 거의 마무리될 즈음, 찬열이는 추모 집회 한쪽에서 뚜벅뚜벅 걸어 나오는 도스토옙스키 아저씨를 보았다.

'정말 약속을 지키셨구나.'

안도감과 기쁨이 확 밀려왔다.

세월호 참사 3주기 추모식에서는 무엇보다 세월호 이전과 이후는 다른 세상이 되어야 한다는 목소리, 아이들은 떠나고 없지만 남겨진 사람들이 세상을 바꿔야 한다는 외침이 강했다. 모두들 변하고자 했다. 변화의 주체가 되고자 열망했다.

시민들을 바꾼 결정적 한방은 아이들이었다. 실상 세월호의 진실을 은폐 조작하면서부터 정권은 무너지기 시작했다. 수직으로 침몰하는 미끄러운 바닥을 기어오르던 세월호 아이들의 손이 어둠의 장막을 찢고 숨은 악의 실체를 드러낸 것이다. 한국 사회의 모순과 억압, 부실과 부패, 거짓과 폭력이 세월호에 극적으로 응축되어 있었다. 그날 이후, 진실은 수면 아래 잠겼고 고통은 목 끝까지 차올랐다. 그러나 악이 깊어지면, 절망이 바닥까지 침몰하면, 마침내 진실의 시간이 솟아오른다.

"이게 나라냐!"

304명의 생명이 수장(水葬)당하는 동안 대통령과 국가가 보여 준 비상식적인 대응에 대한 분노가 촛불 집회에서 폭발했다. 국가적 재난의 순간, 대통령은 없었다. 국가는 없었다. 3년의 시간이 흐르고서야 진실이 조금씩 서서히 떠오르고 있었다.[22]

"꽃 같은 아이들의 고통에 대해 무슨 말을 할 수 있을까요?"

도스토옙스키는 눈시울을 붉히며 울분에 찬 시민들의 발언에 한탄 조로 말했다.

"나는 정말 아이들에게 관심이 많았어요. 아이들은 언제나 내 주된 관심사였죠. 작품에서도 소재나 주된 테마로 많이 삼을 만큼 말입니다.《백치》를 집필할 때부터 난 아이들에 대해 쓰고 싶었어요. 그래서 주인공 믜시킨을 아이들 모임의 우두머리로 묘사했죠.《작가 일기》에도 아이들을 관찰한 메모를 많이 기록해 두곤 했어요.《카라마조프가의 형제들》에서 전개한 '아이들 이야기'를 위해 자료를 오래 전부터 조금씩 모아 왔던 겁니다."

"그런데 선생님은 아이들 테마에 왜 그토록 천착하셨나요?"

찬열이 아빠는 호기심 가득한 눈으로 그를 바라봤다.

"하느님 왕국에 처음 들어가는 자는 바로 아이들이기 때문이죠. 어린아이 테마가 내 소설 구성에서 중요한 위치를 차지하는 이유가 그것입니다."[23]

도스토옙스키의 대답에 찬열이 아빠는 반문했다.

"하지만 현실에서는 그렇지 못한 경우가 더 많지 않나요?《카라마조프가의 형제들》에서도 무신론자인 이반 카라마조프가 말하는 '아이들의 고통'은 너무나 잔혹하죠. 아이들에 대한 학대는 그가 신의 세계를 반대하는 중요한 논거가 되던데요. 무신론자인 이반은 가학적인 부모에게 고통받는 5살 여자아이의 눈물과 사냥개에게 쫓기는 사내아이의 고통, 불가리아에서 터키인들에 의해 대량 학살되는 갓난아이들의 울부짖음 등을 예로 들면서 왜 그 아이들은 그런 고통을 받아야 하는지, 무고한 어린아이들이 받는 고통이 과연 무얼 위해 필요한지 외치며 반항하죠. 더 나아가 만약 세계의 조화가 반드시 아이들의 눈물과 피 위에 세워져야 한다면, 그런 조화는 꺼져 버려야 한다고 단언하죠."

"네, 맞습니다. 정말 열심히 읽으셨네요."

도스토옙스키는 웃으며 찬열이 아빠에게 엄지손가락을 세워 보였다.

"이반이 이런 논리를 전개한 게 수도사인 동생 알료샤의 논리를 반박하기 위해서였다고 해도, 사실 이건 내 고민이기도 했거든요. 나 역시 죄 없는 아이들이 이 세상에서 겪는 비극에 몹시 힘들었어요. 아이들 이야기는 어른들이 똑바로 인생을 살아가고 있는가를 볼 수 있는 실마리가 되지요. 우리 어른이 지나온 삶의 흔적이 바로 아이들이니까요."

"아무런 잘못 없이 사라져 버린 꽃들, 고통 속에 죽어 간 세월호 아이들…… 작가님이 이곳에 나타나신 것도 그런 끌림 때문이었겠군요."

찬열이 아빠는 고개를 끄덕였다.

"그래요, 그럴 겁니다."

도스토옙스키 역시 수긍했다.

"정말 억울하게 죽은, 별이 된 그 아이들이 대한민국을 달라지게 했습니다."

아빠의 눈에 또다시 눈물이 그렁그렁했다.

"2016년 말부터 지금까지 우리 대한민국은 그야말로 역동적인 시간 한가운데 서 있었어요. 아무도 예상하지 못한 촛불 혁명 같은 기막힌 상황을 누가 만들었을까요? 우리가 만들었습니다. 힘이 갑자기 생겨났을까요? 그건 아닙니다. 늘 있었습니다. 그 힘은 어디에 있었나요? 우리 안에 흩어져 있던 힘을 아이들이 우리에게 유발시킨 거겠지요."[24]

"나도 아이들이 어른들의 삶을 바꾸는 계기가 된다는 걸 확신합니다. 그래서 아이들 이야기에 천착했고,《카라마조프가의 형제들》에서는 아이들 이야기가 주된 축이 되었죠. 병들고 불행한 모든 아이들의 이야기가 순수한 영혼을 가진 작은 순교자 일류샤 스네기료프의 이미지로 귀결된다고 볼 수 있어요."

"기억나요. 제 또래나 조금 더 어린 동생들 얘기인 것 같아서 저도 열심히 읽었거든요."

찬열이도 공감했다. 그러고는 말을 계속 이어 나갔다.

"《카라마조프가의 형제들》에 여러 소년들 얘기가 나오더라고요. 가장 제 눈에 띈 건 죽어 가는 소년 일류샤였어요. 이 아이는 자기 아버지가 난봉꾼 귀족에게 수염을 잡혀 술집에서 광장으로 끌려다니는 모습을 보고는, 아버지를 용서해 달라며 그 난봉꾼 손에 입을 맞추고 매달리던걸요. 보통의 마음 약한 아이 같으면 그만 기가 죽어 오히려 자기 아버지를 부끄럽게 여겼을 테지만, 그 앤 자기 아버지를 위해 혼자서 모든 아이를 상대로 맞섰어요. 한마디로 아버지를 위해 몸을 던졌어요."

"찬열이가 내 메시지를 읽는 눈도 키웠구나."

도스토옙스키는 흐뭇하게 찬열이를 바라보았다.

사실 찬열이가 《카라마조프가의 형제들》에서 일류샤 이야기를 열심히 읽은 것은 지민이 때문이었다. 소설 속의 일류샤를 이해하고 싶었다. 일류샤를 이해하면 지민이와 무슨 말이든 나눌 수 있을 것 같았다. 지민이는 아빠가 부끄럽다고 했다. 그래서 지민이가 《카라마조프가의 형제들》을 직접 읽었으면 했지만, 지민이는 책에 별 관심을 보이지 않았다. 하긴 찬열이도 광장에서 아저씨를 만나지 않았다면 아빠 책장에 이 책이 꽂혀 있는 줄도 몰랐을 것이다.

"왜냐하면 저도 학교에서 친구들과 싸울 때가 있거든요. 그래서 일류샤와 친구들이 싸우는 장면을 유심히 읽었어요. 그런데 일류샤가 죽기 직전에 화해한다는 게 좀 그랬어요. 일찍 화해했으면 얼마나 좋았을까 싶어서요."

찬열이는 아빠 앞에서 지민이와 지민이 아빠 이야기를 할 수 없었다. 그래서 대충 다른 이유를 둘러댔다. 그런데 그 순간 도스토옙스키가 몸을 곧추세우며, 한 손으로 뒷목을 잡고 머리를 뒤로 젖혔다.

갑자기 예민해진 신경을 가다듬으며 마음의 평정을 되찾으려는 것 같았다. 그가 입을 열었다.

"소년 일류샤, 정말 대단한 아이지. 지금 갑자기 떠오른 것이긴 하지만, 내가 일류샤를 만들어 낸 건 우연이 아니란 생각이 드는구나."

"갑자기 무슨 말씀이세요?"

예빈이가 눈을 동그랗게 떴다.

"난 사실 평생 아버지를 부끄러워했던 장본인이거든. 난 아버지를 사랑하지 않았어. 아니, 미워했다는 말이 맞겠지."

"정말요?"

찬열이도 의외라는 듯 눈이 커졌다.

"나에게 아버지는 애증의 대상이었어. 평생 감추어야 했던 수치심이자 죄책감으로 범벅된 그 무엇이었지."

도스토옙스키의 갑작스러운 고백에 무거운 분위기가 감돌았다. 그렇다고 무어라 되묻기도 어려워서 찬열이와 예빈이는 그냥 바닥만 바라보고 있었다. 그때 정적을 깨고 도스토옙스키가 다시 입을 열었다.

"아버진 내게 평생의 트라우마였다는 것이 솔직한 표현일 게다. 내 아버지는 농노들에게 살해당했단다. 1839년 여름이었어. 어머니가 돌아가시고 다로보예 마을에 칩거하고 있던 아버지가 갑자기 비명횡사했다는 소식을 듣게 되었어. 혼자 살던 아버지는 주색에 빠지기 일쑤였고, 공연히 하인이나 농노들에게 화를 내고 그들을 구타하기도 했다더구나. 그러던 어느 날 들에서 농사일을 하고 있던 농부들에게 인사를 제대로 하지 않는다고 야단을 쳤는데, 평소에 아버지에게 앙심을 품고 있던 농부들이 한꺼번에 달려들어 아버지를 살해했다는 거야."

"아, 정말 충격이셨겠어요."

예빈이와 찬열이는 입을 다물지 못했다.

"난 아버지 죽음에 죄책감을 느끼지 않을 수 없었어. 아버지를 사랑하지 않았다는 것, 아버지의 인색함을 원망하며 늘 짜증스러운 편지를 보냈던 것이 주마등처럼 뇌리를 스쳐 갔지. 어린 시절부터 가부장적인 아버지 앞에서 느꼈던 두려움과 어두운 기억의 그림자, 갑작스러운 아버지의 비명횡사…… 정말 고통스러웠단다. 그래서 누군가가 아버지에 관해 묻는 걸 극도로 꺼렸고, 아버지에 대해선 아무것도 말하고 싶지 않았어."

찬물을 들이킨 그는 계속 말을 이어 나갔다.

"그런데 말이지, 사람이 죽을 때가 되면 변한다는 말이 있지 않니? 그래서였을까. 결과적으로 난 마지막 소설에서 아버지에 대한 기억을 *끄집어낸* 모양새가 되었지."

"《카라마조프가의 형제들》을 말씀하시는 건가요?"

찬열이가 눈망울을 반짝였다.

"그래. 오히려 생애 마지막 작품에서 비로소 아버지에 대해 입을 떼면서, 그 잔혹한 기억에서 조금이라도 벗어날 수 있었다는 게 맞는 말일 거야. 드미트리, 이반, 알료샤 삼형제의 아버지인 표도르 카라마조프는 내 아버지를 모델로 한 거란다. 물론 표도르 카라마조프가 내 아버지의 자화상은 아닐지라도, 그는 내 아버지의 특징을 이어받았지. 소설 속에서 카라마조프가의 아버지가 비명횡사하는 것은, 내 부친의 비극적인 죽음을 연상시키는 게 사실이니까. 실제로 난 이 작품을 준비하면서 기억 속의 아버지를 떠올리기 위해 노력했단다. 추억을 되살리려 이미 오래전에 팔아 버린 아버지의 영지를 방문하기도 했어. 1877년 여름에는 40년 만에 아버지가 살해된 다로보예 농장을 찾아 누이동생 베라의 집에 묵으면서《카라마조프가의 형제들》을 쓰기 시작했어. 내 기억 속에는 난봉꾼 아버지였지만, 이 작품을 통해 아버질 싫어했던 나의 내면 역시 객관적으로 들여다보게 된 거지. 그리고 사랑할 수 없었던 아버지에게 마음을 열고, 조금이나마 그를 가슴으로 끌어안게 되었단다. 하지만 이것이 가능했던 건 이미 오랜 세월이 지난 후였고, 수십 년 동안 난 이루 말할 수 없는 죄의식과 수치심을 감추려 애썼지."[25]

찬열이는 도스토옙스키 아저씨의 힘겨운 고백을 들으면서 지민이를 떠올렸다. 대작가도 이렇게 우리와 비슷한 감정을 느끼고 있다는 것이 신기했다. 아니, 다시 생각해 보니 우리와 닮았기 때문에 우

메멘토 모리,
죽음을 기억하라

리 마음을 더 잘 대변하는 게 아닐까 싶었다. 그리고 지민이에게 도스토옙스키와 아버지의 이야기를 꼭 해 줘야겠다고 생각했다.

아저씨의 얘기를 듣고 보니,《카라마조프가의 형제들》은 '아버지'에 대한 스토리와 '아이들'에 대한 스토리가 기묘하게 잘 연결되는 소설이었다. 그 중간에서 아저씨의 친아들 이름과 같은 '알료샤'가 연결고리 역할을 하고 있다는 것도 신기했다. 정말 작가들은 천재인 것 같았다. 찬열이는 자기 생각을 아저씨에게 확인해 보고 싶었다.

"소설에서 알료샤는 아저씨를 대변하는 분신인 거죠? 아이들의 꿈을 소중히 여기는 알료샤가 아버지의 죽음을 고통스러워하는 건 실제 아들을 염두에 두신 거…… 맞죠?"

찬열이의 조심스러운 질문에 도스토옙스키는 함박웃음을 지었다.

"그래, 맞다.《백치》의 믜시킨 공작에게서 아이들 테마를 이어받은《카라마조프가의 형제들》의 알료샤는 아이들의 삶 속으로 들어가 함께 어울리며 폐결핵으로 죽어 가는 소년 일류샤와 친구들을 화해시키는 역할을 해. 그 아이의 무덤 위에 보편적인 형제애와 인류 결속의 초석을 놓는 작은 모델을 만들지. 아버지의 명예를 귀중하게 생각했던 일류샤는 병으로 죽게 되지만, 일류샤가 죽기 전에 친구들은 그 아이를 행복하게 해 주려는 마음으로 서로 화해하고 사랑의 손길을 펼치지. 아버지의 치욕을 씻기 위해 분연히 일어섰던 일류샤의 장례식에 모인 아이들 앞에서 알료샤가 추모사를 하는데, 혹시 기억하니?"

도스토옙스키가 물었다.

"아, 그 부분은 제가 읽어 볼게요."

예빈이가 몸을 재빨리 움직여 책을 꺼내 들었다.

"제가 요즘 이 책을 읽고 있어서 가지고 다니거든요."

예빈이가 쑥스럽게 말하자 도스토옙스키가 환한 미소를 지었다. 예빈이는 곧 그 부분을 읽어 내려갔다.

애들아, 우리는 한평생 그를 잊지 말도록 하자. 가령 우리가 어떠한 중요한 일에 전념하게 되더라도, 존경의 대상이 되더라도, 또 커다란 불행에 빠지더라도, 말하자면 언제 어디서 어떠한 경우에 처하더라도, 전에 이 마을에서 우리가 아름답고 착한 감정 하나로 결합되어 이 가여운 소년을 사랑함으로써, 실로 행복했었다는 것을 절대로 잊지 말아야 한다. 이 소년에게 사랑의 손길을 뻗쳤을 때 이 아름답고 선량한 감정 덕분으로 우리는 우리 자신의 그것보다도 더 훌륭한 인간으로 성장할 수 있었기 때문이다. (……)

이 아름답고 신성한 추억이 무엇보다도 가장 좋은 마음의 양식이라고 생각한다. 그러한 추억을 많이 가진 자는 틀림없이 구원을 받을 수 있다. 때문에 그런 아름답고 신성한 기억이 단 하나라도 너희들의 마음속에 남아 있다면 그 기억은 언젠가는 마음의 구원으로 큰 역할을 다하게 될 것이다. 어쩌면 우린 나쁜 사람이 되는지도 모른다. 나쁜 일을 멀리할 수 없을지도 모른다. 물론 그런 사람이 되어서는 안 되겠지만, 그러나 앞으로 어떠한 악인이 되는 일이 있더라도, 그리고 가장 잔인하고 냉소적인 인간이 되더라도, 우리는 함께 일류샤를 매장한 일이며, 죽기 전에 그에게 따뜻한 사랑을 주었던 일이며, 그리고 지금 여기서 이 커다란 돌 옆에서 이러한 우애를 주고받던 일을 상기한다면, 적어도 지금 이 순간 우리가 선량하고 훌륭한 인간이었다는 것만은 마음속으로 감히 조소할 수가 없을 것이다. 뿐만 아니라 이 아름다운 한 가지 기억이 우리를 커다란 악으로부터 지켜 줄 것이다.[26]

"알료샤가 소년들과 일류샤를 화해시키고 일류샤의 무덤 앞에서 맹세하는 이 새로운 공동체는 '인격과 사랑' 위에 세워지지. 여기서 한 사람을 위한 개인적 사랑은 모두가 공유하는 공통의 사랑이 되는 거란다. 알료샤는 이것이 가능한 이유로 기억을 강조해. 기억이 바로 인간 구원의 전제이자 지름길이라는 사실을 부각시키지. 찬열아, 예빈아. 내가 이 말을 하는 이유를 이해하겠니?"

"기억이요?"

"일류샤의 장례식과 소년들의 맹세를 묘사한 마지막 장면은 기억의 중요성을 각별히 부각시켜. 일류샤가 묻히고 싶어 했던 돌 옆에서, 알료샤와 소년들은 아버지를 사랑했던 소년 일류샤와 그 아이가 죽기 전에 서로 화해한 그 감정을 결코 잊지 말자고 말하지. 알료샤와 소년들의 입을 통해 '영원한 기억'을 유난히 강조한 이유는, 그 기억을 통해 카라마조프 형제들만큼이나 극단적인 소년들이 모두 '하나'될 수 있기 때문이란다. 소년들과 알료샤는 일류샤에 대한 기억과 그를 향한 사랑 속에서 결합될 수 있었으니까."

"우리도 슬픈 기억이긴 하지만 세월호 친구들을 절대로 잊지 않는다면, 그것으로 하나가 될 수 있다는 거죠?"

예빈이가 눈물이 그렁그렁한 채 말했다.

"그럼. 그런 의미에서 일류샤는 죽은 게 아니란다, 결코. 그 아이는 자신이 하나로 묶어 놓은 친구들의 사랑 속에서 영원토록 살아 있을 것이기 때문이지. 먼저 간 예빈이 친구들도 모두에게 그런 존재가 될 거다."

"일류샤의 장례식에 모인 사람들과 세월호 아이들의 추모식에 모인 시민들의 모습은 마치 데자뷔[27] 같아요. 다양한 사람들이 하나 될 수 있는 토대, 더 나아가 진정한 인류 합일의 토대는 죽은 자에 대한 사랑과 기억을 통해서 가능하다고 보신 선생님의 관점이 그대로 나타난 느낌입니다. 이제 우리도 세월호 아이들에 대한 기억을 아름답게 승화해 나가야겠지요. 물론 아직 남겨진 숙제도 적지 않지만요……."

찬열이 아빠도 눈시울을 붉히며 말끝을 흐렸다.

[21] 김예슬, 《촛불혁명》, 느린걸음, 2017, 328쪽 참조.

[22] 김예슬, 《촛불혁명》, 느린걸음, 2017, 217쪽 참조.

[23] 콘스탄틴 모출스키, 《도스토예프스키》, 김현택 옮김, 책세상, 2000, 833~834쪽 참조.

[24] 한홍구, 《광장, 민주주의를 외치다》, 창비, 2017, 14쪽 참조.

[25] 박영은, 《도스토옙스키》, 살림출판사, 2009, 10~12쪽.

[26] 도스토옙스키, 《카라마조프의 형제II》, 김학수 옮김, 하서출판사, 1993, 586~588쪽 참조.

[27] 데자뷔(Déjà Vu) : 처음 본 것을 이미 본 것처럼 느끼거나 최초의 경험을 이미 경험한 것처럼 느끼는 현상.

11

마음의
감옥에서
나오는 법

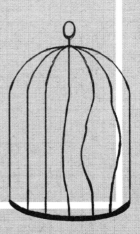

예빈이는 사고 이후 거의 아무도 만나지 않고 갇혀 있었던 자신이 광장에 나오면서 조금씩 치유되어 가는 걸 느꼈다. 슬픔과 고통, 아픔을 가진 사람들이 광장으로 나온다는 건, 그 자체로 타인과 하나가 되고 싶은 마음일 것이다. 예기치 않은 도스토옙스키와의 첫 만남 이후, 확실하진 않지만 어떤 초자연적인 힘이 자신을 도와주러 온 것 같다는 생각이 들었다. 주저하지 말라고, 그래도 힘을 내야 한다고 응원해 주는 것 같았다.

그래서였을까? 오늘 집회에서 도스토옙스키가 저쪽에서 걸어 나오는 모습을 보자 자기도 모르게 한걸음에 달려가 아저씨의 품에 안겼다. 그의 재킷에 배어 있는 담배 냄새조차도 자신을 포근히 감싸 주는 것 같았다. 시간과 공간을 초월해 서로를 하나로 연결해 주는 광장에 함께 있다는 것 자체가 행복했다.

"맨 처음 여기 왔을 때는 모든 사람이 저를 빤히 쳐다보며 손가락질하는 것 같았어요. 하지만 이제는 슬픔과 기쁨, 통한이 함께하는 이곳에서 오히려 안도감을 느껴요."

예빈이는 도스토옙스키에게 고백하듯 말했다.

"혼자 방에 있으면 견딜 수 없는 외로움이 몰려와서 너무 힘들었어요. 그런데 주말에 이곳에 모인 사람들을 보며 작은 위로를 받았어요. 이제는 잠을 잘 수 있어요."

"그래, 사람은 결코 혼자서는 살 수 없지. 자유를 느끼고, 서로 연결되고, 그 하나 됨을 맛보는 것이 광장이 주는 힘이야."

예빈이의 말을 가만히 듣고 있던 도스토옙스키가 나직하게 말을 이어 나갔다.

"내 작품에서도 광장은 중요하단다. 나는 직접 감옥에 갇혀 본 사람 아니겠니? 8개월간을 페트로파블롭스크 요새 감옥 독방에서 보냈어. 어떤 때는 단 한마디 대화도 없이 철저한 침묵 속에서 며칠씩 지나가기도 했지. 독방은 모든 것으로부터 완전히 단절된다는 것이 무엇인지를 확실하게 가르쳐 주었어. 그래서 감옥과 광장의 대비되는 느낌이 확 와 닿는단다. 사실 우리는 모두 마음의 '감옥'을 갖고 있지 않니? 《죄와 벌》의 주인공 라스콜니코프 역시 그런 감옥에서 살았던 대표적인 인물이고."

"저도 그렇게 생각해요."

찬열이는 격하게 공감했다.

"저도 책을 읽으면서 라스콜니코프가 살던 쪼그만 방은 그의 지금 상태를 말해 주는 거라는 생각이 들었어요. 요즘 말로 느낌적인 느낌이랄까요? 크크. 그가 세 들어 사는 하숙집은 상트페테르부르크 슬럼가의 허름한 건물인데, 그것도 모자라 그의 방은 지붕 밑 다락방이었어요. 너무 좁아 옴짝달싹하기 어렵고, 천장이 너무 낮아 고개를 들고 일어서 있기도 힘들었잖아요. 아저씨는 그 방을 '벽장 같은 방,' '관처럼 좁은 방' 혹은 '새장 같은 방'이라고 여러 번 강조하시더라고요. 그게 저는 아주 재밌었어요. 그 다락방은 관 같은 거죠? 라스콜니코프는 숨 막힐 정도로 좁은 관 안에 살고 있었던 거죠? 그리고 살인을 저지르게 되고요. 자신은 뭐 나름 거창한 논리를 세우지만요."

"허허. 우리 찬열이가 비평가처럼 잘 집어냈구나. 그래, 그 작은 방은 물리적인 감옥이자 동시에 심리적인 감옥이야. 세계로부터 스스로를 단절시킨 거지. 난 그걸 통해 라스콜니코프가 얼마나 한 가지 생각에만 매여 있는지 말해 주고 싶었어. 여러 가지 논리로 살인을 저지르기는 했지만, 이후 그는 결국 더욱더 고립되지. 단절감과 혐오감이 그를 '마음의 감옥' 깊은 곳에 가둬 버리기 때문이야. 라스콜니코프(Raskol'nikov)라는 이름이 러시아어로 '단절(Raskol)'을 어원으로 한다는 건 내 의도를 그대로 보여 주는 것 아니겠니? 그는 살인을 저지르고 난 후 무서운 소외감에 압도당해. 우주 전체에 오로지 나 혼자만 있는 느낌. 그 어떤 것과도 어떤 사람과도 아무런 연결이 없이, 모든 사람과 모든 것으로부터 자기 자신을 도려낸 것 같은 느낌이라고나 할까?"

"노파를 죽인 후 그는 격리 수용소의 가장 깊은 곳에 있는 독방에 감금된 것과 마찬가지였을 것 같아요. 그래서 세상과 단절되고 고립된 그가 광장으로 나간 건 정말 인상적이었어요."

찬열이는 우쭐했다.

"음, 사실 그 출구는 소냐가 말해 준 것 아닌가요? 라스콜니코프는 오랜 방황과 고민 끝에 마침내 소냐를 찾아가 자기가 사람을 죽였다고 고백하잖아요. 마치 가톨릭 성당에서 신부님에게 고해성사하듯이요. 라스콜니코프는 자신이 왜 그녀에게 고백해야 하는지 정확한 이유는 몰랐지만, 무언가 직감하고 있었겠죠. 그녀라면 내 말을 있는 그대로 들어 줄 거라는. 그런데 놀라운 건 소냐의 반응이었어요. 소냐는 놀라거나 두려워하는 대신 그에게 무한한 동정심을 보여 주며 나름의 해법을 얘기해 주었어요."

예빈이도 찬열이에게 뒤지지 않겠다는 듯이 야무지게 자기 말을 이어 나갔다.

"아, 그 부분은 제가 읽어 볼게요! 저도 열심히 읽은 책을 가져왔거든요. 아저씨한테 사인받으려고요, 헤헤."

"하하. 그래, 이따 해 줄게."

"저도요!"

예빈이도 손을 번쩍 들며 말했다.

"물론이지."

도스토옙스키는 기분 좋은 웃음을 지었다.

"음, 어느 부분이더라?"

찬열이는 열심히 책장을 넘겼다.

이 세상에 지금 당신처럼 불행한 사람은 없어요! 일어나세요.(그녀는 그의 어깨를 잡아 일으켰고, 그는 놀라서 그녀를 바라봤다.) 지금 당장 광장에 나가 네거리에 서세요. 무릎을 꿇고 당신이 더럽힌 대지에 절을 하고 입을 맞추세요. 그리고는 사방을 향해 온 세계에 절을 하세요. 그러고 나서 모든 사람들이 들을 수 있도록, '제가 죽였습니다'라고 말하세요! 그러면 하느님께서 당신에게 새 생명을 주실 겁니다![28]

"우와, 우리 찬열이 대단하구나."

도스토옙스키는 대견한 눈빛으로 지켜보며 엄지손가락을 치켜세웠다. 찬열이는 우쭐했다.

"정말 그렇구나. 왜 소냐는 라스콜니코프에게 광장으로 나아가서 죄를 고백하라고 했을까? 먼저 경찰서에 가서 자수하라고 하지 않고, 네거리에 가서 고백을 하라고 했을까? 그건 바로 사람들이 모이는 십자로가 세상과 연결되는 통로이기 때문이 아닐까? 그것이야말로 자신의 단절을 극복하고 세상과 연결되는 은총의 시간이겠지."

찬열이가 읽은 구절을 눈을 감고 음미하던 아빠가 말했다.

"자유를 찾으려면 마음의 감옥에서 나와 광장으로 가야 하죠. 그가 광장으로 나간 것은 마음을 열겠다는 신호가 아닐까요? 광장은 사시사철 사람들로 북적대는 곳이니까요. 이 연결이야말로 자유로 가는 지름길이라 생각했고, 그렇기 때문에 광장을 《죄와 벌》의 가장 중요한 공간 중 하나로 설정했죠. 이곳은 실제로 지금까지 존재하는 광장입니다. 바로 센나야 광장이에요. 물론 센나야 광장은 이 광화문 광장처럼 곧고 넓은 공간은 아니지만요."

도스토옙스키는 차분하게 덧붙여 설명했다.

"센나야 광장은 어떤 곳이에요?"

찬열이 아빠가 물었다.

"사람들이 바글바글한 시장 같은 곳이죠. 그야말로 지지고 볶으며 살아가는 삶의 공간이고요. 장사치, 사기꾼, 주정뱅이, 노숙자, 매춘부가 득실거리고 싸구려 식당과 술집이 즐비해요. 소설에서 소녀의 말을 들은 라스콜니코프는 자신이 그토록 벗어나고자 발버둥 쳤던 그 공간으로 다시 돌아옵니다. 그런데 이상하게도 오히려 묘한 안도감마저 느끼죠."

"아, 기억나요. 제가 그 부분을 읽어 볼게요. 어디 있더라."

찬열이는 아주 신이 났다. 책을 읽은 보람이 있다 싶었다.

그는 센나야 광장으로 들어섰다. 그는 사람들과 부딪치는 것이 너무도 불쾌했다. 그래도 그는 사람들이 더 많이 보이는 곳으로 곧장 걸어갔다. 그는 지금 이 순간 혼자 남기 위해서라면 무슨 짓이든 다 했을 것이다. (……) 그러나 광장 한가운데 이르렀을 때 그의 마음속에 어떤 감동이 일면서 알 수 없는 느낌이 급작스럽게 그를 지배하더니 그의 전 존재, 육체와 마음을 사로잡아 버렸다. (……)

감동이 발작처럼 갑자기 그에게 복받쳐 올랐다. 그의 마음은 한꺼번에 녹아내렸고 눈물이 쏟아졌다. 그는 서 있던 모습 그대로 땅에 엎드렸다. (……) 그는 광장 한가운데에 무릎을 꿇고 머리가 땅에 닿도록 절을 하고는 달콤한 쾌감과 행복감을 느끼면서 더럽혀진 땅에 입을 맞추었다. 그는 일어나서 또 한 번 절했다.[29]

두 손을 모은 채 들고 있던 찬열이 아빠가 말했다.

"정말 의미심장한 부분이군요."

"세상과 연결된다는 건, 이렇게 다른 사람을 사랑할 수 있는 마음을 갖게 된다는 암시이기도 해요. 라스콜니코프가 그랬듯 마음을 열때 타인과 나누는 삶을 살게 되죠. 이것이 너와 내가 하나 될 수 있다는 의식의 바탕일 테고요. 자신이 가진 게 아무것도 없다는 데 집중

하면 우리는 나눌 것이 아무것도 없어요. 하지만 함께하겠다는 생각이 있으면 나눌 수 있어요. 성서에 나오는, 빵 다섯 개와 물고기 두 마리가 불러온 오병이어의 기적[30]처럼 말이죠."

도스토옙스키의 입가에는 웃음이 배어 있었다.

"저도 공감해요. 여기 광화문 광장에서 사람들이 자발적으로 나누는 것을 보면서 진정한 감사와 사랑을 느꼈어요. 이번 촛불 집회야말로 나눔의 현장이었잖아요. 한겨울 바람 찬 거리에서 추운 몸과 마음을 따뜻하게 덥혀 준 것은 소리 없는 나눔의 손길이었어요. 광장을 걸어가다 보면 불쑥불쑥 간식이며 핫팩이 선물처럼 안겨 오기도 했거든요. 정성껏 제작한 피켓과 유인물을 나누어 준 여러 단체들, 무료로 화장실을 열어 주고 언 몸을 녹이고 가라며 손을 이끌던 광장 인근의 가게들, 의료 지원에 나선 의대 관계자들과 대한전공의협의회, 촛불 집회 무대 위의 얘기를 온몸으로 전하며 감동과 화제를 자아낸 수화 통역사 팀과 수많은 자원봉사자분들까지요. 우리에겐 진정 나누면서 하나 되는 시간이었어요."

찬열이 아빠도 열변을 토했다.

"그런 평화와 나눔의 모습은 나에게도 감동이었습니다."

주름 가득한 얼굴에 웃음을 환하게 지으며 도스토옙스키도 맞장구를 쳤다.

"저도 정말 오랜만에 느껴 보는 감정입니다. 우린 가진 것을 나누며 하나가 되어 갔죠. 어느 때부턴가 잃어버린 공동체 정신을 촛불 광장에서 되살려 갔어요. 눈비를 맞고 추위에 떨어도, 정겹고 따뜻하게 나누는 마음 덕분에 긴 시간을 함께해 올 수 있었던 것 같아요. 공동체 정신, 저도 오랫동안 잊고 살았던 단어예요. 대학 시절 집회에 나가며 다소간 느꼈던 이후로는요."

회한에 젖은 눈빛으로 말하는 찬열이 아빠의 목소리는 촉촉했다.

"그럴 수 있죠. 한 사람이 자신의 감옥에서 나와 광장으로 나가는 것이야말로 타인과의 연대의식, 공동체 의식을 확장하는 전제예요. 하지만 집회에서 상투적으로 나오는 이 '하나 됨'은 그 성격이 어떠냐가 무엇보다 중요합니다."

"하나 됨의 성격이요?"

도스토옙스키의 말에 찬열이가 고개를 갸웃하며 반문했다.

"우리는 모임이나 집회, 시위에서 너무 쉽게 '단결하자! 하나가 되자!'라고 하지?"

"네, 맞아요."

"그 단결의 방식, 하나 됨의 성격이 무엇보다 중요하다는 거야. 우리는 어떤 가치를 위해 하나가 되어야 할까? 그 가치는 정말 아름다운 걸까? 사실 이건 내 말년의 작품과 사상 활동에서 가장 중요한 문제였어. 내 생의 마지막 10년 전부터 죽음을 얼마 남겨 놓지 않은 시점에 있었던 푸시킨[31] 동상 제막식 기념 연설에까지 일관되게 목소리를 높였던 문제이기도 해."

"왜 그렇게 그 문제를 중시하셨어요?"

찬열이 아빠는 고개를 바짝 들어 그의 대답을 재촉했다.

"당시 나는 과연 우리 공동체는 무엇으로 이루어져 있으며, 다양한 경향을 가진 사람들과 의견 일치를 이루는 합일점은 어디서 찾을 수 있는가에 몰두했어요.[32] 인간이 개체화되고 분열되어 가는 시대를 개탄하던 제 탐색이었죠. 하지만 여기서 공동체 정신은 단순히 모든 사람이 획일적인 공동생활을 기계적으로 잘해야 한다는 것과는 다릅니다. 무조건적인 평등사상이나 감상적인 싸구려 일체감은 절대 아니에요."

"저도 공감합니다만, 선생님이 말씀하시는 그런 공동체 정신은 어디서 찾을 수 있죠?"

찬열이 아빠가 되물었다.

"이를테면 사람들을 하나로 연결해 주는 끈끈한 연대, 따스한 정, 안온한 소속감 같은 것이 아닐까요? 더 나아가 모든 사람을 하나로 묶어 주는 사랑 속의 자유겠지요. 그래서 절대로 집단 이기주의나 패거리 문화가 되어선 안 됩니다. 오로지 사랑과 신뢰와 자유를 토대로 하는 공감의 정신, 소통의 정신, 온유의 정신이 되어야 합니다.[33]

"지당하신 말씀입니다."

찬열이 아빠도 격하게 공감을 표했다.

"저는 무엇보다 자신의 틀 안에 갇혀 있던 개인이 껍질을 벗고 나와, 인간의 영혼을 고립 상태에서 형제애적인 결합의 길로 이끌어 가야 한다고 주장했어요. 형제애는커녕 분리와 고립 속에 빠지고 마는 당시 상황에 경각심을 주고 싶었거든요."

"선생님은 진정 위대한 작가일 뿐만 아니라 위대한 선지자시네요. 19세기가 아니라 21세기인 지금 들어도 지당하신 말씀이에요."

찬열이 아빠는 존경 어린 눈빛으로 도스토옙스키를 바라보았다.

"과찬의 말씀입니다. 19세기나 21세기나 사는 모습은 달라졌어도 인간의 기본 성정, 근본적인 속성은 그대로라는 의미일 수도 있겠지요. 당시 내가 공동체 정신과 하나 됨에 대해 이론적 구상을 하고 있을 때, '러시아문학애호가협회'로부터 모스크바에서 열릴 푸시킨 동상 제막식 행사에서 연설을 해 달라는 요청을 받았습니다. 무척 기뻤어요. 푸시킨은 내가 평생 존경했고 영적 스승으로까지 여겼던 시인이거든요. 난 푸시킨에게 모든 러시아인들에게 명백하게 다가갈 예언 같은 것이 있다고 생각했어요."

도스토옙스키는 그 시절을 떠올리면서 빙긋이 웃었다.

[28] 도스토옙스키, 《죄와 벌》, 유성인 옮김, 하서출판사, 1993, 445쪽 참조.

[29] 도스토옙스키, 《죄와 벌》, 유성인 옮김, 하서출판사, 1993, 559~560쪽 참조.

[30] 오병이어(五餠二魚)의 기적 : 예수의 기적 가운데 하나로, 예수가 빵 다섯 개와 물고기 두 마리로 많은 사람을 먹이고도 남았다는 기적을 말한다.

[31] 푸시킨(1799~1837) : 〈삶이 그대를 속일지라도〉라는 시로 유명한 러시아 작가이다. 희곡, 시, 소설 등 다양한 장르에 걸쳐 풍부하고 다채로운 문학 세계를 펼쳐 보였다. 러시아 근대 문학의 시조로 불리며, 작품으로 《예브게니 오네긴》, 《대위의 딸》 등이 있다.

[32] 19세기가 인간의 개인주의와 고립을 조장하는 '개별화'의 시대로 전락했다고 생각한 도스토옙스키는 그 위험성을 재차 강조했다. 그는 《작가 일기》에서 다음과 같이 기술한다.
"정말 러시아에는 전 사회를 통틀어 '개별화' 시대가 닥친 것 같다. 모두 제각기 흩어지고 고립되어 가고, 한 사람 한 사람이 무언가 독자적이고 새로운, 지금까지 있어 본 적이 없는 일을 생각해 내기를 바라고 있다. 모든 사람이 이전의 사상이나 감정에서 공통되던 것을 배척하고 자신의 독자적인 사상이나 감정에서부터 시작하려 하고 있다. (……) 무슨 일에나 정신적인 화합이 거의 없으며 모든 것이 분열해 버렸고, 지금도 분열해 가고 있다. (……) 인간이 하나로 일치하는 마음이 없고 서로에 대한 사랑이 없으면 위대한 일은 아무것도 상상할 수 없다."
도스토옙스키, 《작가의 일기》, 〈개별화 : 개인주의적 경향에 대하여〉, 이종진 옮김, 벽호, 1995, 134~138쪽 참조.

[33] 석영중, 《자유, 도스토예프스키에게 배운다》, 예담, 2015, 199쪽 참조.

12

하나 됨을
위하여

광화문 광장에는 오늘도 수많은 사람들이 모여들었다. 찬열이는 도스토옙스키 아저씨의 이야기를 들으며 광장을 크게 둘러보았다. 여기가 마치 아저씨가 연설을 준비하던 모스크바인 것 같은 착각이 들었다. 푸시킨 동상 제막식 행사에서 연설을 앞둔 아저씨가 옆에 있는 것만 같았다.

'내가 모스크바에서 아저씨의 연설을 직접 들었다면 어떤 느낌이었을까?'

찬열이는 혼자 엉뚱한 상상을 하다가 피식 웃었다.

열변을 토하던 도스토옙스키는 따뜻한 물을 한 모금 마시고는 숨을 골랐다. 그러고는 이내 말을 이었다.

"드디어 그날이 되었어요. 잊지 못할 그날 1880년 6월 8일. 난 동상 제막식 연설에서도 푸시킨의 예언 같은 힘을 이야기했죠. 그리고 그의 표현을 빌려 '오만한 인간이여, 자기 자신을 낮추어라. 무엇보다도 먼저 자존심을 버려라'라는 말로 우리 러시아가 당면한 분열의 문제에 해결 방안을 제시했어요. 푸시킨에게서 러시아의 운명과 사명의 해답을 찾으려 했죠. 동시에 푸시킨의 말을 빌려 국민성과 인류성을 강조하면서, 러시아에서 고질병처럼 갈라져 싸워 왔던 서구주의자와 슬라브주의자가 하나 되어야 한다고 주장했어요.[34] 단순히 주장하기보다는 목 놓아 외쳤죠. 러시아의 운명은 전 유럽적이고 범세계적이기 때문에, 진정한 러시아인이 된다는 것은 모든 사람의 형제이자 완전히 보편적인 인간이 되는 것이고 결국 전 인류가 하나 되는 초석이라고 열변을 토했지요."

"청중들의 반응은 어땠나요?"

"하하. 말하면 뭐합니까? 내 연설은 사람들의 가슴을 뒤흔들고 피를 끓게 했습니다. 연설을 마치자 청중들은 흐느껴 울며 서로를 껴안고는, 서로에게 더 좋은 사람이 되고 더 이상 미워하지 않고 사랑하겠다고 맹세까지 했어요. 잠시 동안이지만 기적이 정말로 실현된 것 같았습니다. 어제까지만 해도 적이었던 사람들이 서로를 부둥켜안았죠. 일부 학생들은 눈물을 글썽이며 내게 달려 나와 발아래 엎드려 정신을 잃기도 했답니다."

"선생님의 연설이 정말 감동적이었던 모양이에요."

찬열이 아빠가 입꼬리를 올리며 살짝 웃었다.

"제가 한 연설하기는 하죠. 하지만 이게 단순히 능수능란한 언변으로만 가능한 일이겠습니까?"

도스토옙스키도 어깨를 으쓱하며 씨익 웃었다.

"이어서 밤에 개최된 문학 축제에서 난 푸시킨의 시 〈예언자〉를 낭송했어요. 또다시 광란의 도가니가 되었고, 다시 한번 황홀경에 빠진 울부짖음으로 가득 찼죠. 푸시킨 기념행사에서 한 연설은 평생을 생각해 온 문제에 대한 깊은 사색의 열매이자 나의 피 끓는 유언이었어요."

"정말 잊지 못할 경험이었겠네요."

"그럼요. 물론 완전하고 보편적인 형제애에 도달한다는 건 쉽지 않지요. 하지만 쉽지 않다고 해서 시도조차 하지 않는다면 우리 삶의 의미, 역사의 의의는 어디서 찾을 수 있단 말인가요. 온 삶의 에너지를 다해 슬라브주의자와 서구주의자를, 소위 배웠다는 지식인과 민중을, 그리고 러시아와 유럽을 서로 화해시키는 유언을 남기고 싶었습니다."[35]

"선생님이 꿈꾸어 왔던 새로운 하나 됨의 초석을 놓는 절규가, 사랑했던 시인 푸시킨을 기억하는 자리에서 다시 한번 힘을 발휘했군요."

"내가 러시아의 운명에 한국의 운명을 병행시키는 이유가 있습니다. 지리적으로도 유럽과 아시아를 아우르는 러시아가 인류 보편의 운명을 응축하고 있다고 주장했던 것처럼, 한국은 작은 나라지만 그 속에 모든 지구상의 문제를 응축하고 있기 때문입니다."

"정말이요?"

찬열이의 눈이 둥그레졌다. 아까 자기가 했던 상상이 아주 엉뚱한 것만은 아니라는 생각이 들었다.

"그럼. 이렇게 작은 나라가 세계 평화의 운명을 쥐고 있는걸. 그 자체만으로도 내재되어 있는 힘이 엄청나고말고."

"작가님은 이 에너지를 잘 승화시키기 위해서는 무엇보다 아름다운 형제애와 공동체 의식이 필요하다고 보시는 거죠?"

찬열이 아빠가 다시 확인하듯 물었다.

"그렇습니다."

"그런데 그게 아직도 아득히 먼 건 아닌가 싶을 때도 있어요."

아빠는 걱정스러운 듯 말했다.

"1880년대 러시아도 인류의 완전하고 보편적인 형제애에 도달하기에는 턱없이 부족하지 않았겠어요? 그럼에도 난 작가로서, 또 지성인으로서 민중을 깨우치고 인류의 공동선(共同善)을 위한 메시지를 공유하는 게 제 의무라고 생각했습니다. 마땅히 그 길로 전진하는 것, 그런 가치를 지상에 조금이라도 심어 놓고 가는 게 우리가 해야 할 의무가 아닐까요?"

"네, 맞습니다. 한국도 아직 준비되지 않았고 갈 길도 멉니다만 부단히 전진해야겠지요. 저부터 작은 노력을 실천하겠습니다."

찬열이 아빠도 말을 거들었다.

"촛불을 들었던 1,500만 명 중 한 사람이 나였다는 사실이 저 자신과 아이들에게 부끄럽지 않을 것 같아요."

이번에는 아빠가 주먹까지 불끈 쥐었다.

"우리 아이들이 이 역사를 어떻게 배우게 될지 기대됩니다. 이 순간을 자랑스럽게 이야기할 수 있다는 게 너무 기뻐요. 광화문 광장은 정말 다양성을 인정하는 하나 됨의 광장 아니었나요?"

"작고 힘없고 억울한 자들은 크게 울고 크게 외쳐야 세상이 귀를 기울이는 법이죠. 광장은 그 소리들이 모이는 곳이고요. 민주주의는 더 많은 목소리가 화음이 되어 생생히 살아 있어요. 그런 의미에서 촛불 광장은 '함께하는 다름'의 장이었습니다. 공동의 요구를 외치면서도 저마다 목소리를 내고, 차이를 품으면서도 우정의 연대를 이루는 '나눔의 광장'에서 한국인들은 더 큰 존재가 되어 갔습니다."[36]

도스토옙스키는 찬열이와 아빠, 예빈이에게 하나하나 눈을 맞추며 엄지를 들어 올렸다.

"감사합니다. 우린 정말 촛불 혁명을 통해 현실의 광장과 디지털 광장에서 동시에 살아 움직이는 직접 민주주의를 체험했어요. 일시적인지는 모르지만 진정한 선과 정의의 공동체, 평등과 나눔의 공동체를 맛보고 있습니다. 어르신과 어린 학생들, 부유한 사람과 가진 것 없는 사람, 이런 생각과 저런 생각, 서로 다르고 낯선 사람들이 하나가 되어 새로운 민주공화국을 만들어 가자고 노래했어요. 분노와 슬픔에 기쁨과 희망이라는 강력한 연료가 더해지면서 촛불은 더 크게, 더 밝게 오래도록 타오를 수 있었습니다.[37] 이렇게 대한민국은 촛불과 함께 새로 태어나고 있습니다."

목이 메어 갈라진 찬열이 아빠의 목소리에는 조용한 자부심이 배어 있었다. 네 사람은 밤늦도록 광화문 광장의 촛불 축제를 뜨겁게 바라보았다.

"혹독한 겨울 동안 우리는 각자의 봄을 잊고 있었을 뿐, 잃어버린 건 아니었을 겁니다. 혹여 잊고 있었다고 해도 다시 기억해 내면 되니까요. 다시 힘을 내서 우리 역사에서 슬픔으로 얼룩진 4월을, 그날의 기억을 잊지 않을 거예요."

찬열이 아빠의 나직한 목소리에 묻어나는 힘을 느끼며 찬열이와 예빈이는 새로운 꿈을 꾸었다. 겨우내 잠들어 있던 힘을 일깨우며 함께 희망을 노래하는 미래를 그려 보았다.

찬열이는 어서 가서 지민이에게 일류샤 이야기를 들려주고 싶었다. 아버지를 부끄러워하지 않았던 관대하고 용감한 일류샤의 이야기를. 찬열이는 도스토옙스키 아저씨가 해 준 말을 다시 곱씹어 보았다. 내가 가진 게 아무것도 없다고 생각하면 나눌 것이 없다고. 하지만 함께하겠다는 마음이 있으면 나눌 수 있다고.

찬열이는 광화문 광장에 앉아 지민이에게 문자를 보냈다.

'뭐 하냐. 이따 게임이나 한 판 하자.'

띠링.

지민이에게 바로 답문이 왔다.

'좋아. 무슨 내기할까?'

이제 찬열이는 용기를 내어 지민이와 많은 이야기를 나누고, 친구의 마음으로 한 걸음 더 들어갈 것이다.

[34] 19세기 중반. 러시아 지식인들은 러시아가 유럽에 뒤처져 있고 러시아의 전반적인 상황에 문제가 있다는 점에 공감했다. 그러나 문제점의 근원이 무엇이고, 오류를 바로잡는 방법이 무엇인가를 두고 크게 두 갈래로 갈라졌다. 슬라브주의와 서구주의가 그것이다.

슬라브주의자는 러시아는 서구와는 다른 독자적인 길을 걸을 필요가 있다고 주장하며, 그 근거를 러시아 역사에 대한 그들의 독특한 견해에서 찾았다. 슬라브주의자들은 표트르 대제의 유럽화 정책으로부터 러시아의 문제점이 촉발되었다며, 전통 유산을 잘 계승함으로써 잘못을 치유할 수 있다고 주장했다. 또 러시아 정교, 러시아 공동체에서 러시아 역사의 특수성을 찾아볼 수 있으며, 종교의 본질인 신도들 간의 사랑과 신에 대한 순종을 바탕으로 진정한 공동체를 이룰 수 있고, 러시아 정교야말로 참된 의미의 진보를 이룰 수 있는 진정한 종교라고 주장했다. 그들은 붕괴되고 있던 농노제에 반대하고 개혁을 위한 유토피아적인 구상을 하고 있었지만, 내용은 보수적이었고 귀족의 특권을 가능한 한 유지하려고 했다.

이에 반해 서구주의는 러시아의 후진성을 서구적인 방법으로 청산하려고 한 사상이다. 서구주의자는 슬라브주의자로부터 서구 숭배주의자로 배척당했지만, 전제체제와 농노제에 분명한 반대 의사를 표명했다. 더 나아가 서유럽으로부터 발달된 문명을 받아들이고 전제 정부를 입헌 정부로 개조함으로써 서유럽의 길을 걸어야 한다고 주장했다. 표트르 대제의 업적을 찬양하면서 과감하고 의욕적인 유럽화 정책을 촉구했다.

[35] 박영은, 《도스토예프스키》, 살림출판사, 2009, 81~84쪽 참조.

[36] 김예슬, 《촛불혁명》, 느린걸음, 2017, 179쪽 참조.

[37] 김예슬, 《촛불혁명》, 느린걸음, 2017, 169쪽 참조.

부록

표도르 미하일로비치 도스토옙스키(1821~1881)는 모스크바 근교의 마린스키 빈민 병원 관사에서 태어났다. 무시무시한 성격의 아버지와 달리 어머니는 아이들에게 온화한 사랑을 쏟았는데,《구약과 신약의 성스러운 이야기》라는 그림책으로 어린 아들에게 글을 가르쳐 주었다. 아버지로 인해 그다지 행복하지 않았음에도 도스토옙스키가 어릴 적부터 복음서를 읽으며 자연스럽게 신앙을 받아들였다는 점은, 그를 정신적으로 성장시키는 텃밭이 되었다.

어머니와 아버지의 상반된 성격은 양립 불가능해 보이는 특성들이 공존하는 도스토옙스키의 성격 형성에 영향을 미쳤다. 그의 작품 속 인물들이 불안하고, 병적으로 기묘하고, 비뚤어진 이유는 어린 시절 그가 받은 감정에서 유래한 것이기도 하다.《지하생활자의 수기》(1864)의 주인공처럼 타인에 대한 분노와 굴욕감이 눈덩이처럼 커져 이것을 일종의 쾌락으로 생각하는 유형으로 변형되는가 하면,《미성년》(1875)의 주인공처럼 심하게 모욕을 당했을 때 스스로를 더 모욕해 가며 자신을 몰아가는 유형으로도 나타난다.

아들을 출세시키기 위해 고군분투하던 아버지와 달리, 도스토옙스키의 관심은 다른 곳에 있었다. 문학적 기질을 타고 태어난 그는 사춘기 문학 소년이 그러하듯이 아름답고 고귀한 것을 동경하며 문학적 열정으로 가득 차 있었다. 아버지의 등쌀에 떠밀려 그럭저럭 시험을 준비하던 열일곱 살의 도스토옙스키는 1838년 육군 공병사관학교에 합격했다. 그러나 한 살 위인 형은 신체검사에 떨어지면서 쌍둥이처럼 붙어 다니던 그들은 이별의 슬픔을 맛봐야 했다. 하지만 형제는 장문의 편지를 주고받으며 문학에 대한 꿈을 키웠고, 항상 서로에게 분신 같은 존재로 남아 있었다.

1843년 8월, 육군 공병사관학교를 졸업한 도스토옙스키는 공병국 제도과에서 근무했다. 그러나 그의 관심과 정열은 이미 문학에 집중되어 있었기 때문에, 1년 후에 먼 요새로 발령이 나자 퇴직하고 펜 한 자루로 입신하려 결심한다. 그리고 1845년 늦은 봄 어느 날, 그의 인생을 극적으로 반전시킨 첫 소설《가난한 사람들》(1846)로 생각지도 못한 행운을 거머쥐었다.

《가난한 사람들》은 문학사에서 하나의 사건이었다. 페테르부르크의 가난한 공무원 제부시킨과 불행한 소녀 바르바라의 정신적인 사랑과 비극적 결말을 서간체로 엮은 이 소설은 걸작으로 큰 절찬을 받았다. 원고를 읽은 그리고로비치와 네크라소프가 감동한 나머지 날이 새기도 전에 도스토

엡스키의 아파트에 찾아가 이 무명의 젊은이를 포옹하며 앞날을 축복했다
는 에피소드는 너무나도 유명하다.

그러나 이윽고 발표한《분신》,《여주인》,《백야》등은 냉담한 반응을 얻
었다. 이 작품들에는 장래 문호의 사상이 이미 싹의 형태로 함축되어 있었
으나 당시의 독서계는 아직 그것을 간파하지 못했다.

이즈음부터 도스토옙스키는 공상적 사회주의자들의 모임인 페트라솁
스키 모임에 출입했다. 이 무렵은 황제 니콜라이 1세가 비밀경찰 조직을 동
원하여 러시아 지식인들을 철저히 감시하고 있던 때였다. 1848년 2월 프랑
스 혁명과 6월 프랑스 노동자 폭동으로 신경이 곤두서 있던 니콜라이 1세
는 러시아에 자유사상이 번지는 것을 우려하여 지식인에 대한 감시를 강
화했다. 페트라솁스키 모임 회원들을 감시하던 비밀경찰은 급기야 1849년
4월 22일 밤, 도스토옙스키를 포함한 회원 33명을 체포하기에 이른다.

도스토옙스키의 죄목은 벨린스키의〈고골에게 보내는 편지〉를 모임에
서 낭독했다는 것이었다. 당시 금서였던 이 편지는 벨린스키가 고골에게 러
시아가 필요로 하는 것은 설교나 기도가 아니라, 민중들에게 인간의 존엄성
을 일깨워 주는 것이며 그들을 계몽시키는 것이라고 주장하는 내용이었다.

그가 페트라솁스키 모임에서 활동했다는 이유로 체포되었던 여러 정황은 훗날《악령》(1872)이라는 또 하나의 소설을 탄생시켰다.

이 사건에 대한 군사법원의 판결과 무관하게, 황제 니콜라이 1세는 도스토옙스키를 포함한 회원들에게 사형을 선고하는 연극을 꾸민다. 그들을 이미 사면해 놓은 상태였지만, 형식적인 사형 절차를 치른 뒤에 집행유예 선고를 발표하라고 명령한 것이다. 죄수들의 간담을 서늘하게 했던 이 연극은 지식인들을 혼쭐내 주려는 쇼였다. 하지만 이 극적인 사건은 도스토옙스키의 작가로서의 행보에 비옥한 거름이 되었다. 이 체험은 20년이 지난 뒤 소설《백치》(1868)를 통해 예술 언어로 옮겨졌다.

죽음의 문턱에서 가까스로 빠져나오긴 했지만, 그에겐 4년간의 시베리아 징역과 4년간의 병역 의무가 기다리고 있었다. 이 시기의 고통스러운 생활은《죄와 벌》(1867)의 에필로그와 장편《죽음의 집의 기록》(1862)에 잘 나타나 있다. 1854년 2월, 형기를 마치고 시베리아 제7 정규군 대대에 배속된 그는 세관 공무원의 아내 마리야 이사예바와 알게 되어 격렬한 사랑에 빠진다. 이듬해 마리야의 남편이 사망하자 두 사람은 수많은 우여곡절 끝에 1857년 결혼한다. 5년간의 근무를 마친 그가 아내 마리야와 페테르부르크에 돌아오는 것이 허락된 것은 1859년 말이었다.

도스토옙스키가 부재했던 지난 10년 동안 러시아는 커다란 변화에 직면하고 있었다. 과거의 농노제가 끝나고 1861년 농노 해방을 앞둔 고조된 사회 분위기가 팽배해 있었다. 그 역시 이런 분위기에 고무되어 새롭게 문필 활동에 착수했다. 그가 유형 생활을 하는 동안 담배공장을 경영하던 형은 동생이 돌아오자 지난날의 문학적 열정을 되살려 공장을 팔아 치우고 아우를 전속 작가로 삼아 잡지 〈시간〉을 1861년에 발간했다. 도스토옙스키는 옥중 생활 체험을 바탕으로 한《죽음의 집의 기록》과《학대받은 사람들》(1861)을 이 잡지에 발표하며 문단에 복귀했다.

1862년 〈시간〉의 경영이 순조로워지고《죽음의 집의 기록》출판으로 경제적 여유가 생기자 도스토옙스키는 6월부터 9월에 걸쳐 독일, 프랑스, 이탈리아, 스위스, 영국을 여행했다. 이 인상을 담은 여행기를《여름 인상에 대한 겨울 기록》(1863)으로 발표했다. 주로 파리와 런던에 관해 기술했는데, 파리 시민들의 비속함, 런던의 자본주의 등 유럽에 대한 환멸이 지배적이다.

그에게 런던은 부르주아적 기운이 악마적인 맹위를 떨치고 있는 도시였다. 바알 신(神) 같은 거대하고 화려한 런던이 세계 자본주의의 수도라는 점, 이 도시에 세계박람회의 화려한 성과와 빈민굴이 공존한다는 사실은 식민 제국의 끝없는 물질과 권력 추구의 실상과 비극성을 여실히 드러낸다고 생각했다. 세계박람회로 몰려든 무수한 사람들을 하나로 규합하는 엄청난 자본주의 체제의 힘을 바알의 왕국이자 인간의 희생물이 바쳐지는 악마로 간주했다.

수정궁 같은 도시와 세계박람회는《지하생활자의 수기》에서 전 세계에서 몰려온 무수한 사람들을 한 무리로 만들어 버리는 소위 '사회주의적 수정궁'으로 변형되어 신랄하게 비판받았다.《여름 인상에 대한 겨울 기록》은 작가의 철학적 사색의 영역으로 들어가는 관문인《지하생활자의 수기》에서 더욱 확대 발전되었다.

《지하생활자의 수기》의 주인공인 소위 '지하인'은 인간이란 생각처럼 순수하고 이성적인 존재가 아니라, 변덕스럽고 부도덕한 본성을 지니고 있다고 솔직히 인정한다. 그런 맥락에서 인간의 이성을 토대로 세워진 사회주의적 수정궁은 지상낙원이 아니라 소위 '닭장'이고 '개미탑'에 불과할 수밖에 없다고 주장한다. 그러나 개체의 인격이 배제된 유럽의 '개미탑'과 달리 러시아인의 본성에는 형제애에 따른 공동체에 대한 욕구가 있다는 점을 강조한다.

그의 유럽 여행은 서구주의를 배격하고, 러시아 민족주의와 유사한 슬라브주의나 대지주의를 옹호하는 사상적 근거를 마련했다. 대지주의는 우리 자신의 '토양'으로 돌아가자는 것을 말하며, 민족적이고 민중적인 사상이다. 이후 반유럽주의 정서는 소위 '유럽 문명론자'인《미성년》의 주인공 베르실로프로 다시 구현되었다. 현대 문명의 온갖 질병을 앓고 있는 베르실로프의 의식 속에서 모든 것은 흔들리며 분열된다.

1864년이 되자 아내가 죽고 정신적 지주였던 형의 죽음이 잇달았다. 도스토옙스키에게 가장 고통스러운 해였다. 이후 1867년 2월 15일, 도스토옙스키는 두 번째 아내 안나와 결혼식을 올렸다. 45세에 안나를 만난 것은 그에게 인생 최대의 행운이었다.《도박꾼》(1866),《백치》,《악령》,《미성년》,《카라마조프가의 형제들》(1880)과 같은 일련의 대표작이 햇빛을 보게 되고, 평생을 가난에 시달렸던 그가 말년에 물질적 안정감을 얻었다. 이것은 안나가 그의 서재 앞에 수문장처럼 서 있었기 때문이라 해도 과언이 아니었다.

도스토옙스키가 인생에서 비교적 안정된 생활을 했던 마지막 10년간
은 장편《미성년》과 평생을 통한 사색의 집대성인《카라마조프가의 형제
들》이외에도, 1873년 이후 시사적 에세이와 문예평론, 단편 등을 포함한 자
유 형식의 문집《작가 일기》를 집필한 풍성한 결실의 시기였다.《작가 일기》
는 무려 2,000명의 독자가 신청했고, 그밖에도 2,000부가 소매상을 통해 팔
려 나갔다. 사회와 정치 문제를 넘나드는 여러 주제를 다루었지만, 이 시기
그의 사고의 큰 얼개를 구성하는 중심은 '전일(全一) 사상'으로 귀결된다.

도스토옙스키가 꿈꾸어 온 전일 사상과 인간이 하나 될 수 있는 초석을
놓기 위한 절규는, 그가 사랑했던 시인 푸시킨을 기억하는 자리에서 다시
한번 힘을 발휘한다. 러시아문학애호가협회로부터 모스크바에서 열릴 푸
시킨 동상 제막식 행사에서 연설을 해 달라는 요청을 받은 것이다.《카라마
조프가의 형제들》집필에 혼신의 힘을 쏟고 있던 그는 일을 잠시 제쳐 두고
기쁜 마음으로 연설을 준비했다.

열광적인 푸시킨 동상 제막식 연설 후 8개월이 채 지나지 않아, 도스토
옙스키는 생의 마지막 순간을 맞이했다. 한 시대의 획을 그은 그는 1881년
1월 28일 저녁 8시 38분, 조용히 눈을 감았다. 장례식에는 마지막으로 그에

게 사랑을 표하려는 5만여 명의 대군중이 운집했다. 장례식 이후에도 곳곳에서 그를 애도하는 의식이 열렸으며 슬픔이 큰 바다를 이루었다. 이 모든 것이 평생 고통과 절박함을 예술로 승화시킨 대작가에 대한 깊은 존경과 사랑의 표현이었다.

《죄와 벌》

주인공 라스콜니코프는 법과대학을 휴학한 가난한 청년으로, 페테르부르크의 좁고 어두운 하숙방에 누워 일종의 편집광증에 사로잡혀 있다. 그는 거의 기아 상태에서 무기력하게 누워 있으면서도 사고력만은 왕성해 어떤 계획 하나를 줄기차게 공상한다. 머리카락에 붙어사는 이(蝨)와 다를 바 없는 전당포 노파가 백해무익한 고리대금으로 많은 사람들을 착취하는 것은 불합리하다는 것이다. 그는 '초인 사상'과 같은 생각에 경도되어, 일반인과는 차원이 다른 비상한 지성과 강인한 감성을 가진 인물이 악인을 처단할 권리를 가진다는 신념이 있었다. 이러한 생각으로 그는 고리대금업을 하던 악덕 노파를 도끼로 쳐서 살해한다.

하지만 이 과정에서 집에 돌아온 노파의 여동생 리자베타 이바노브나마저 계획에 없이 죽이게 되고, 이로 인해 죄책감과 자기혐오로 극심한 혼란에 빠진다. 그의 수상쩍은 행동은 곧 경찰의 주목을 받아 그에게 혐의가 씌워진다. 그러나 증거는 아무것도 없었다. 그는 혐의에서 벗어나기 위해 경찰 관계자들과 필사적인 심리 싸움을 계속한다.

한편 라스콜니코프는 술집에서 우연히 만난 주정뱅이 퇴직 관리 마르멜라도프의 죽음을 계기로 그 유가족들과 사귀게 된다. 마르멜라도프의 전처소생인 맏딸 소냐는 주정뱅이 아버지와 이복동생들, 계모를 부양하기 위해 창녀가 된 여자였다. 소냐는 거의 광신적이라고 할 정도로 하느님을 사랑했고, 태생이 고결하고 아름다운 심성을 지녔다. 라스콜니코프는 소냐의 위대한 희생을 보고 차츰 심경의 변화를 일으킨다. 무신론자이며 허무주의자인 살인자와 순수한 창녀의 정신적 만남이 이어진다. 라스콜니코프가 소냐에게 자신이 노파를 살해한 사실을 고백하면서 사건은 새로운 방향으로 전개된다.

결국 여동생 두냐의 결혼 문제, 소냐와의 만남, 포르피리 검사의 집요한 추궁과 설득을 거치면서 라스콜니코프는 경찰에 자수하고 시베리아 8년 유배형을 받는다. 소설은 끝까지 라스콜니코프가 자신의 잘못을 진심으로 뉘우치기보다는 불안한 마음을 조금이라도 편하게 하기 위해 자수했다는 인상을 주기도 한다. 하지만 작가는 시베리아까지 동행하여 라스콜니코프와 함께하는 소냐를 통해, 그가 진정으로 자신의 죄를 뉘우치고 갱생과 정신적 부활의 삶을 살게 될 것을 암시한다.

《카라마조프가의 형제들》

1860년대 러시아 지방 도시에 사는 카라마조프 가문 사람들을 둘러싸고 이야기가 전개된다. 인간의 본질과 심리에 관한 사색을 방대하게 펼치는 작품이다.

카라마조프가의 아버지 표도르 카라마조프는 억제할 수 없는 격렬한 정열을 가진 물욕과 음욕의 화신이다. 세상 모든 것을 조소하며 독설을 내뱉는 이 음탕한 지주에게는 세 아들이 있다. 거칠고 난폭하기는 하나 순진하고 외골수이고 정열가인 큰아들 드리트리, 뛰어난 지성을 지녔고 과묵하면서 허무적인 데다가 무신론자인 둘째 아들 이반, 수도원에서 사랑의 가르침을 주장하는 조시마 장로에 심취한 순진무구한 셋째 아들 알료샤가 그들이다. 거기에 표도르의 사생아로 알려진 스메르자코프가 하인처럼 그를 섬기고 있다. 이들은 각기 아버지에게 버림받은 어린 시절을 보내고 성년이 되어서야 아버지 곁으로 돌아온다.

전처의 아들인 큰아들 드미트리는 아버지로부터 카라마조프 집안의 억제하지 못하는 정열을 물려받았으나 동시에 러시아인다운 순수함을 지닌 남자이다. 주색에 빠져 대책 없이 살고 있긴 하지만, 마음 깊은 곳에서는 고결한 것에 대한 동경이 살아 있는 러시아적인 대범한 성격의 소유자이다. 드미트리는 아름답고 자부심이 강한 약혼자 이바노브와 함께 돌아오지만, 곧 그녀를 배신하고 늙은 상인의 첩 그루센카에게 빠지고 만다. 그루센카의 육체적 아름다움에 반하여 약혼자를 버리고, 아버지를 적대시하며 살해하고 싶을 정도로 증오한다. 호색가인 표드르 역시 그루센카에게 열을 올려 돈으로 그녀를 유인하려고 한다. 이렇게 하여 부자는 한 여인을 두고 서로를 극도로 미워하며 증오한다.

둘째 아들 이반은 자연과학대학을 졸업한 총명한 청년으로 무신론자이자 허무주의자이다. 그는 애욕에 미친 아버지와 큰형의 야수 같은 반목에 강한 혐오감을 느껴, 스메르자코프의 권유에 따라 모스크바로 떠난다. 그런데 그날 밤 표드르가 누군가에 의해 살해된다. 범인으로는 드미트리가 지목된다. 평소에 아버지를 살해하겠다고 떠들어 대던 그에게는 범행을 뒷받침할 만한 너무나도 많은 증거와 증인이 있었다. 그러나 실제 범인은 간질병을 가장하여 교활하게 책략을 꾸민 스메르자코프였다. 그는 "신이 존재하지 않으면 모든 것이 허용된다"는 이반의 말에 감화받아 이반의 무의식 속에 잠재해 있는 부친 살해의 소원을 헤아려 범행을 저질렀다.

두 달 후, 재판을 앞두고 이반은 스메르자코프로부터 범행을 자백받는다. 너무 놀란 이반은 정신 착란을 일으키고, 그런 이반의 모습을 보며 자신의 짐작이 빗나간 것을 안 스메르자코프는 목을 매달아 자살한다. 이반은 재판에서 드미트리의 무죄와 자신의 죄를 고백하지만 묵살당하고 직후 의식을 잃고 쓰러진다. 결국 드미트리는 모스크바에서 온 유명한 변호사의 능숙한 변호에도 불구하고 20년형을 선고받는다.

이 작품은 한 가족 안에서 부자간, 형제간의 애욕과 갈등으로 점철된 피비린내 나는 사건이 표면적인 주제라 할 수 있다. 하지만 더 깊이 들어가면 한 가문의 이야기를 통해 인류를 다룬다. 신의 존재와 영혼 구원의 문제, 무신론과 기독교 정신의 대결에 관한 사상과 종교, 철학을 고찰한다.

도스토옙스키의 유작인 이 장편소설은 1878년에 집필을 시작해 2년 후에 완성되었다. 작가는 머리말 〈저자로부터〉에서 이 작품이 2부로 되어 있다는 구상을 밝히며, 1부에서는 13년 전인 1860년대 중엽을, 2부에서는 동시대, 곧 1880년대의 삶을 묘사할 것이라고 했다. 하지만 1부에 해당하는 현재의《카라마조프가의 형제들》을 완성한 3개월 후에 그는 세상을 떠났다. 이를 통해 판단하자면 이 작품은 미완성인 셈이다. 작가의 초고 기록에 따르면, 2부에서는 알료샤가 수도원을 나와 리자와의 사랑에 상처를 입고 혁명가가 되어 황제 암살 계획에 참여하여 단두대에 오르는 것으로 구성했다고 한다. 하지만 2부가 존재하지 않더라도, 1부에서 화두로 던지는 진지한 영혼 탐색의 문제들은 여전히 고전(古典)의 요건이 무엇인가를 성찰하는 데 손색이 없다.

● 1821

모스크바 빈민 병원 관사에서 10월 30일(현재 달력으로는 11월 11일) 출생

● 1831

10세
아버지 미하일 안드레예비치가 다로보예 영지 구입

● 1834

13세
형 미하일과 함께 기숙학교에 입학

● 1837

16세
1월 29일 푸시킨 사망. 2월 27일 어머니 마리야 표도로브나 사망

● 1838

17세
1월 16일 육군 공병사관학교에 입학

● 1839

18세
아버지가 다로보예 농노들에게 살해됨

● 1840

19세
11월 29일 하사관으로 임명

● 1844

23세
공병 중위로 진급하여 제대. 발자크의 《위제니 그랑데》를 번역하여 호평을 받음

● 1845

24세
첫 작품 《가난한 사람들》을 발표하여 문단에 데뷔. 벨린스키에게 호평을 받음

● 1846-1847

25~26세

《분신》과 《주부》 등 작품 발표. 벨린스키로부터 병적인 경향이 있다고 혹평을 받음

● 1849

28세

페트라솁스키 금요 모임에 참석. 4월 23일 고발에 의해 체포. 11월 13일 사형 선고. 12월 22일 사형 집행 직전 황제의 특사로 시베리아 유형으로 감형

● 1850

29세

1월 23일 시베리아 옴스크 감옥에서 4년간 수용소 생활

● 1854

33세

2월 15일 형기 만료되어 출옥. 3월 2일 시베리아 전선 세미팔라틴스크 주둔 제7대대에 배치. 마리야 이사예바를 만남

● 1856

35세

3월 24일 황제에게 사면 탄원서 제출

● 1857

36세

2월 6일 마리야 이사예바와 결혼

● 1861

40세

형 미하일과 함께 잡지 〈시간〉 창간. 《학대받은 사람들》을 발표하여 문단으로 복귀

● 1862

41세

6월에 첫 유럽 여행. 독일, 프랑스, 영국 방문. 《죽음의 집의 기록》 출간

● 1863

42세

폴란드 문제에 대한 스트라호프의 논문으로 〈시간〉이 발행 정지 처분을 받음. 8월에 외국으로 떠나 파리에 먼저 도착해 있던 수슬로바를 만나 함께 여행

● 1864

43세

3월에 〈시간〉을 계승한 잡지 〈시대〉를 창간함. 6월 16일 아내 마리야 사망. 7월 10일 형 미하일 사망

● 1865

44세

잡지 〈시대〉가 재정난으로 폐간

● 1866

45세

《죄와 벌》을 〈러시아 통보〉에 연재 발표. 속기사 안나 스니트키나에게 《도박꾼》을 구술하여 탈고

● 1867

46세

안나와 재혼. 해외 생활 시작. 《죄와 벌》을 단행본으로 출간

● 1868

47세

2월 22일 맏딸 소피야 출생. 5월 12일 소피야 폐렴으로 사망. 《백치》를 〈러시아 통보〉에 연재하고 단행본으로 출간

● 1869

48세

9월 14일 드레스덴에서 둘째 딸 류보피 출생. 11월 21일 네차예프 사건에 깊은 관심을 가짐

● 1871

50세

1월 《악령》을 〈러시아 통보〉에 연재 개시. 7월 5일 페테르부르크에 도착. 7월 16일 아들 표도르 출생

● 1875

54세

1월 〈조국 잡지〉에 《미성년》을 발표. 8월 10일 아들 알렉세이(애칭은 알료샤) 출생

● 1877

56세

스타라야 루사에 집을 사들임. 단편 《우스운 인간의 꿈》을 발표

● 1878

57세

5월 16일 세 살 난 아들 알렉세이가 간질병으로 사망. 6월에 철학자 블라디미르 솔로비요프와 옵티나 푸스틴 수도원을 방문하여 암브로시 장로를 만남

● 1879

58세

《카라마조프가의 형제들》을 〈러시아 통보〉에 연재 시작

● 1880

59세

6월 8일 푸시킨 동상 제막식 기념 연설. 11월 8일 《카라마조프가의 형제들》에 필로그 탈고. 12월 단행본으로 출간

● 1881

60세

1월 28일 폐기종에 의한 폐동맥 파열로 사망. 1월 31일 페테르부르크 알렉산드르 넵스키 수도원 묘지에 안장

1. 젊은 시절 도스토옙스키가 유토피아 사회주의 사상에 심취하게 된 이유는

   무엇인가요? 5장 참고

2. 시베리아 옴스크 수용소 체험은 도스토옙스키의 인생에서 어떤 분기점이

   되었나요? 4장, 6장 참고

3. 《죄와 벌》의 라스콜니코프가 전당포 노파를 살해하면서 내세운 '초인

사상'이란 무엇인가요? 6장 참고

4. 라스콜니코프에게 소냐는 어떤 의미를 지니는 존재일까요? 6장 참고

5. 《죄와 벌》이후 라스콜니코프처럼 영웅주의와 허무주의, 무신론, 자신의
이기심을 합리적 언변으로 포장하는 작품 속 인물은 누구인가요?

부록 참고

6. 도스토옙스키의 사상적 근원인 '대지주의' 혹은 '토양주의'란 무엇이며, 그
예는 어디서 찾아볼 수 있을까요? 11장, 부록 참고

1. 사회 문제에 관심이 많던 도스토옙스키가 사회주의 사상 모임에 가담하게 된 것은 28세가 되던 무렵입니다. 그때부터 공상적 사회주의자들의 모임인 페트라솁스키 모임에 출입했지요. 당시 러시아는 서구 유럽보다 여러 면에서 뒤처져 있었기 때문에, 이 모임에서는 정부의 검열제도를 비롯해 러시아의 농노제와 재판, 출판제도의 개혁, 무신론, 가족제도와 결혼제도의 문제점에 대해서도 논의를 지속해 갔어요.

당시 생시몽, 푸리에, 프루동의 사상에 심취해 있던 도스토옙스키는 이 사상이 더 나은 삶에 대한 갈망을 충족시킬 수 있다고 여겼어요. 그에게 사회주의적 유토피아 사상은 기독교 정신의 연장이며, 복음과 진리의 성취였어요. 사회주의를 기독교 정신이 당시 상황에 맞게 수정된 것으로 받아들였기에 더욱 심취하게 되었지요. 하지만 이 무렵은 황제 니콜라이 1세가 비밀경찰 조직을 통해 지식인들을 철저히 감시하던 터라, 이 모임에서 활동하던 도스토옙스키도 체포될 수밖에 없었습니다.

2. 1850년부터 시작된 시베리아 유형 생활은 "나의 영혼이 죽어서 새로 태어난 계기가 되었다"고 스스로 표현할 만큼 극심한 고통 그 자체였어요. 이 기간

동안 살인범, 강도, 폭력범, 저능아들과 함께 강제 노동을 하며 추위와 굶주림,

위장병, 류머티즘, 신경발작에 시달렸어요. 이 끔찍한 세월에 대한 기억은 소설

《죽음의 집의 기록》과 《죄와 벌》 에필로그의 소재로도 사용되고 있고요. 특히

《죽음의 집의 기록》에는 지옥과 같은 혹독한 감옥 생활, 악취와 오물에 둘러싸인

삶, 짐승과도 같은 수인들의 모습, 귀족 출신 수감자들에 대한 수인들의 불같은

분노가 생생히 묘사되어 있어요. 물론 생지옥의 체험이었지만, 인간 범죄 심리와

죄의식의 원인을 분석하는 보배가 되는 인생의 소중한 시기가 아닐 수 없었죠.

또한 인간의 의지와 자유의 상관성도 뼈저리게 느끼게 됩니다.

더 나아가 무수한 작품 캐릭터가 태어나는 산실이 되었을 뿐만 아니라, 그의 사상

역시 새로 태어나는 분기점이 되었다는 점에서 중요해요. 그의 영적 거듭남은

오래도록 잊고 지냈던 성서를 다시 펼치면서부터였어요. 성서는 4년 형기 중

지닐 수 있도록 허락된 유일한 책이었기에, 매일 성서를 읽으면서 자신도 느끼지

못하는 사이에 그리스도를 사랑하는 인물로 변화한 거예요. 시베리아 유형 전,

과격한 성향을 띤 사회주의자이자 공상적 혁명가, 무신론자였던 그는 끝까지

그리스도와 함께하겠다며 그리스도를 가장 아름다운 존재로 받아들이는 사상적

전향을 보여 줍니다.

3. 독일 철학자 헤겔에 의하면, 세계사에서 위대한 인물로 등장하는 창조적인

   소수는 역사의 주체가 되어 위대한 과제를 수행할 수 있어요. 그들에 의해 세계의

   역사는 인간의 도덕률을 무시한 채 더 높은 수준에서 움직일 수 있다는 논리지요.

   알렉산더 대왕, 나폴레옹, 시저와 같은 역사적 영웅이 다른 약자들을 죽일 수 있는

   권리가 있는 것은 그 때문입니다. 이런 나름의 근거 위에 라스콜니코프는 자신이

   나폴레옹과 같은 '초인'이 될 수 있는지를 확인하기 위해 살인을 저질렀던 거예요.

   가난한 사람의 피를 빨아먹는 것 이외에 아무런 가치가 없는 전당포 노파쯤은

   살해할 권리가 있으며, 이러한 권리 행사는 정당하다고까지 생각했습니다.

4. 소냐는 퇴역 군인이자 주정뱅이 하급관리인 세묜 자하로비치 마르멜라도프의

   딸로 결국 아버지의 무능과 계모의 강요, 생활고로 인해 매춘부의 삶을 살게

   되죠. 작가는 소냐를 통해 신앙심 깊은 러시아 정교 신자의 전형적인 모습을 보여

   줍니다. 라스콜니코프가 전당포 노파와 노파의 여동생을 살해했음을 고백하자

   그를 설득해서 경찰에 자수하게 하고, 시베리아 유형을 선고받자 그곳까지 따라가

   그를 돌보아 주죠. 《죄와 벌》의 에필로그에서 라스콜니코프를 따라온 거룩한 창녀

소냐는 시베리아 죄수들에게 또 다른 그리스도의 모습으로 인식됩니다. 소냐는

죄수들에게 그 자체로 정신적 어머니이기도 했기에 모두 소냐를 사랑하죠.

공교롭게도 살해당한 노파의 여동생은 소냐의 친구이기도 했는데, 소냐는

라스콜니코프에게 어떠한 증오감도 품지 않으며 동정과 연민을 아끼지 않아요.

노파의 여동생처럼 우둔하고 비천한 삶을 살지만 오히려 묵묵히 자기희생과 순종,

믿음을 통해서 타락한 세상을 구원으로 인도하는 사람의 상징이 소냐인 거예요.

결국 라스콜니코프 역시 소냐가 짊어지는 수난과 겸손의 의미를 받아들이고,

그녀의 도움으로 지적 오만과 자기 합리화에서 벗어나는 의식의 각성을 하게

됩니다.

5. 라스콜니코프의 연장선에 있는 인물로는 《백치》의 로고진, 《악령》의 니콜라이

스타브로긴과 키릴로프, 《카라마조프가의 형제들》의 이반 카라마조프와

스메르쟈코프 등을 들 수 있습니다.

6. 1863년에 발표한 《여름 인상에 대한 겨울 기록》에서 드러난 바와 같이,

도스토옙스키는 유럽의 미래를 불안정하다고 봤어요. 근대 러시아에 닥친 불행의

원천을, 서구 문명에 마음이 끌리는 지식 계급이 소박한 민중에게서 멀어진 데

있다고 생각했지요. 러시아 지식인이 러시아의 토양에서 유리되어 민중으로부터

떠나고 있는 것에서 무신론의 근원을 보려고 했습니다. 그렇다면 러시아의

구원은 당연히 소박한 민중으로 회귀하는 가운데 있을 것이라는 논리지요.

《카라마조프가의 형제들》에서 조시마 장로가 민중과 그 미래의 정신력만이

어머니나 대지에서 유리된 러시아의 무신론자들을 개종시킬 수 있다고 말하는

것은 이러한 맥락입니다. 《죄와 벌》의 소냐가 살인을 고백한 라스콜니코프에게

경찰에 자수하기 전에 광장으로 나가 죄를 고백하고 대지에 입 맞추라고 한

이유도 여기서 연유한다고 볼 수 있겠지요.

라스콜니코프라는 이름은 '분리, 분열, 단절'을 뜻하는 러시아어

'라스콜(Raskol)'에서 유래했다고 보는 게 일반적인데, 그런 점에서 본다면

라스콜니코프는 정신적으로 분열된 사람, 민중이나 세상과 단절되고 격리된

사람이란 의미가 됩니다. 그래서 어머니인 대지 위에 굳게 뿌리박고 있는 정교

신앙을 간직한 소냐는 그에게 폐쇄성과 단절성에서 벗어나 민중과 연결될 수 있는

네거리 광장으로 나가서 대지에 엎드려 입 맞추고 그 대지에 속죄하라고 권하는

거예요.

이렇듯 민중에 대한 믿음, 민중과의 정신적 연대감은 유형 생활을 경험한 바

있는 도스토옙스키가 끊임없이 주장한 모토입니다. 더 나아가 러시아 정교야말로

신(神)과 민중이 결합되는 정신 공동체이자, 러시아의 대지와 연결된 진정한

신앙이었던 것이죠.